Business-Englisch Wortschatz

Business-Englisch Wortschatz

Die wichtigsten Wörter und Satzbeispiele nach Sachgebieten geordnet

humboldt

In Zusammenarbeit mit Langenscheidt

Sprachen

humboldt-Taschenbuch 1172

Umwelthinweis: gedruckt auf chlorfrei gebleichtem Papier

Hinweis für den Leser:
Alle Angaben in diesem Buch wurden sorgfältig geprüft. Dennoch kann vom Verlag keine Gewährleistung übernommen werden.

Umschlaggestaltung: Wolf Brannasky, München
Umschlagfoto: Bavaria Bildagentur; Fotograf: Chris Ryan
Zeichnungen im Innenteil: Ulf Marckwort, Kassel

Zusammenstellung des englischen Wortschatzes und Formulierung der Satzbeispiele: Dr. Sonia Brough
Fachliche Prüfung: Bärbel Schmidt
Lektorat: Marion Techmer

2., durchgesehene Auflage 2000

Druck: Presse-Druck, Augsburg
Printed in Germany
ISBN 3-581-67172-7
www.humboldt.de

2 * 00

Inhalt

Anhang

Verwendete Abkürzungen

Abk.	Abkürzung
adj.	*adjective,* Adjektiv
adv.	Adverb
Am.	*Americanism,* im amerikanischen Englisch gebräuchlich
Br.	*in British usage only,* nur im britischen Englisch gebräuchlich
bsd.	besonders
dt.	deutsch
engl.	englisch
etw.	etwas
F	*familiar,* familiär; Umgangssprache, *colloquial*
hum.	humorvoll
j-m	jemandem
j-n	jemanden
lat.	lateinisch
mst.	meistens
od.	oder
pl.	*plural,* Plural
prep.	*preposition,* Präposition
s.	*substantive,* Substantiv
sb.	*somebody*
sg.	*singular,* Singular
sth.	*something*
v.	*verb,* Verb
v/i.	*intransitive verb,* intransitives Verb
v/t.	*transitive verb,* transitives Verb

Hinweis:

Der *Business-Englisch Wortschatz* ist auch als Package, d. h. als Buch mit zwei Audio-Kassetten bzw. zwei Audio-CDs (140 Minuten) erhältlich, die den im Buch mit Punkt (▪) gekennzeichneten Auswahlwortschatz wichtiger Fachbegriffe und Satzbeispiele zweisprachig vertont präsentieren. Ideal zum Lernen der Wörter sowie zum Trainieren von Hörverständnis und Aussprache.

Vorwort

Für wen ist **Business-Englisch Wortschatz** *geeignet?*

Business-Englisch Wortschatz ist ein kompakter Nachschlage- und Trainingsband für alle, die Business-Englisch für die Kommunikation mit englischsprachigen Geschäftspartnern in aller Welt benötigen. Sei es der Geschäftsbrief nach New York oder das Meeting in der Londoner City – mit diesem Nachschlage- und Trainingsband sind Geschäftsleute, Trainees und Sachbearbeiter gut vorbereitet.

Wie ist **Business-Englisch Wortschatz** *aufgebaut?*

Business-Englisch Wortschatz bietet, systematisch nach Sachgebieten geordnet, ca. 3000 Stichwörter. Die Sachgebiete umfassen alle wesentlichen Business-Bereiche wie z. B. *Bank und Börse, Unternehmen und Betrieb, Handel, Im Büro, Neue Medien* oder *Steuern und Zoll.* Um das schnelle Auffinden von Vokabeln im Berufsalltag zu erleichtern, sind die Stichwörter pro Sachgebiet alphabetisch geordnet. Zu allen Stichwörtern, deren Erläuterung hilfreich ist, gibt es einen prägnanten Beispielsatz mit Übersetzung, der das jeweilige Stichwort in einem typischen Kontext präsentiert. Alle Stichwörter werden zudem in einem Register aufgeführt.

Wie kann man mit **Business-Englisch Wortschatz** *erfolgreich lernen?*

Eine angemessene Lerntechnik ist die Voraussetzung für guten Lernerfolg. Wir möchten Ihnen dazu Anregungen geben:

1. Nutzen Sie den Vorteil der Gliederung nach Sachgebieten und arbeiten Sie jeweils ein bestimmtes Sachgebiet durch, z. B. *2.2 Kredit und Zinsen.* Zwischen den Wörtern eines Sachgebietes bestehen Assoziationen. Die Sachgebiete spiegeln inhaltliche Assoziationen wider. Auch die Sachgebietsbezeichnungen sind bereits Merkhilfen. Es ist experimentell erwiesen, dass Wortschatz, in thematischen Zusammenhängen gelernt, besser behalten wird.

2. Wenn Sie einzelne Sachgebiete durcharbeiten wollen, wählen Sie zuerst das Sachgebiet aus, das Sie besonders interessiert.
3. Wir empfehlen Ihnen, den Ablauf des Lernvorgangs zu systematisieren. Lesen Sie z. B. ein Kästchen (fett gedrucktes Stichwort und Anwendungsbeispiel) und prägen Sie sich die Wortgleichung ein. Gehen Sie mehrere Kästchen auf diese Weise durch und decken Sie dann von diesem Block die linke Spalte ab. Sprechen Sie nun das verdeckte Stichwort laut vor – wenn Sie wollen, auch das Anwendungsbeispiel. Kontrollieren Sie sich durch Aufdecken der linken Spalte. Wörter, die Sie noch nicht beherrschen, können Sie am Rand markieren – vielleicht durch ein Kreuzchen – und nochmals gesondert lernen. Abschließend nochmalige Kontrolle (Sprechen und eventuell auch Schreiben) des ganzen Blocks.
4. Lernvarianten: Rechte (statt linke) Spalte abdecken und analog wie unter Ziffer 3 beschrieben arbeiten. Nur Anwendungsbeispiele lernen, um vom Zusammenhang her die Bedeutung eines Wortes im Gedächtnis zu verankern.
5. Wenn Sie ein visuell veranlagter Lerntyp sind, kann Ihnen das Abschreiben der Vokabeln helfen. Um einen Lernerfolg zu erzielen, sollten Sie sich während des Schreibens jedoch eindeutig auf das Schriftbild konzentrieren. Achten Sie darauf, dass Sie nicht einfach mechanisch abschreiben.
6. Wenn Sie ein akustisch orientierter Lerner sind, ist es hilfreich, wenn Sie sich die Wörter, die Sie sich einprägen wollen, immer laut vorsprechen. Sie können sich den für Sie relevanten Wortschatz auch selbst auf Kassette sprechen und z. B. auf der Fahrt ins Büro anhören.
7. Es empfiehlt sich, täglich ein bestimmtes Pensum zu lernen: Lernen Sie aber am besten nicht zu lange und zu viel auf einmal, sondern nehmen Sie sich statt 50 Vokabeln nur 20 vor. Wenn Sie intensiv lernen wollen, machen Sie zwischen dem Lernen unterschiedlicher Sachgebiete eine Pause.
8. Wenn Sie den Business-Wortschatz beherrschen, sollten Sie nicht vergessen, diesen in gewissen zeitlichen Abständen zu wiederholen.

Wir wünschen Ihnen viel Spaß und Erfolg!

Geleitwort

Internet, Globalisierung, Fusionswelle – Schlagworte, die noch vor zehn Jahren im Deutschen nahezu unbekannt waren. Heute signalisieren sie Megatrends und stehen für eine rasante Entwicklung, die niemand mehr unberührt lässt – und die von in der Wirtschaft aktiven Menschen dringender denn je die Beherrschung des Business-Englisch verlangen. Dieser Wortschatztrainer hilft Ihnen, die neuen Herausforderungen zu bewältigen.

Das Internet hat inzwischen die ganze Welt verflochten. Millionen Firmen sind schon online. Und die meisten Anschlüsse, Kunden und Programme kommunizieren in englischer Sprache miteinander. Auch die neuen firmeninternen Kommunikationsnetze, Intranet genannt, verbinden die Abteilungen in aller Welt mit Kunden aus Tokio, São Paulo oder Paderborn. In welcher Sprache dort vor allem Geschäfte gemacht werden? Das steht im „amerikanischen Jahrhundert“ bei einem amerikanischen Medium wohl außer Frage.

Im Zeitalter der Globalisierung konkurriert und kooperiert beinahe jeder mit jedem. Lufthansa lässt Flugzeuge in China warten, Siemens Software in Indien entwickeln, Motorola baut Handys in Kiel. Schon morgen kann Ihr Geschäftspartner oder Ihr Kollege im weit entfernten Ausland sitzen. Und mit dem werden Sie sich wahrscheinlich auf Englisch verständigen – Business-Englisch.

Ein weiterer Megatrend: die Fusionswelle. Hoechst und Rhone-Poulenc oder Daimler-Benz und Chrysler sind nur zwei spektakuläre Zusammenschlüsse. Doch tagtäglich finden Dutzende ähnlicher Fusionen und Übernahmen in allen Bereichen der Wirtschaft statt. Die Firmenkultur wird immer internationaler.

Sie sehen: An einer komplexen Kenntnis des Englischen kommen Sie im Business-Alltag früher oder später nicht mehr vorbei. Dieses Buch bietet Ihnen mit einer Auswahl der wichtigsten Begriffe aus dem britischen und amerikanischen Englisch und ihren konkreten Anwendungen die Gelegenheit, sich Ihren persönlichen Vorteil im Wettbewerb zu verschaffen.

Peter Weißenberg

1 Wirtschaft

1.1 Wirtschaftliche Lage allgemein

adverse Inflation has had an adverse effect on the economy.	**negativ, nachteilig** Die Inflation hat sich negativ auf die Wirtschaft ausgewirkt.
anti-inflationary New anti-inflationary measures are to be introduced.	**antiinflationär** Es sollen neue antiinflationäre Maßnahmen eingeführt werden.
black economy It is very hard to control the black economy.	**Schattenwirtschaft** Es ist sehr schwierig, die Schattenwirtschaft unter Kontrolle zu halten.
branch of industry	**Industriezweig**
buck the trend *F*	**gegen den Trend laufen**
budget deficit	**Haushaltsdefizit, Haushaltsloch**
▪ **business** She's going into business with two friends.	**Geschäft(e** *pl.*) Sie will mit zwei Bekannten ein Geschäft gründen.
business/economic indicator	**Konjunkturbarometer**
▪ **business school** I went to business school in the States.	**Handelsschule** Ich ging in den USA auf eine Handelsschule.
business sector	**Wirtschaftssektor**
business sense He doesn't seem to have any business sense.	**Geschäftssinn** Er scheint keinen Geschäftssinn zu haben.

▪ **business studies**	**Betriebswirtschaft(slehre)** *sg.*
▪ **capitalism**	**Kapitalismus**
▪ **Chancellor of the Exchequer**	**Schatzkanzler(in), Finanzminister(in)**
command economy	**Planwirtschaft**
Common Market	**gemeinsamer Markt**
cyclical	**konjunkturabhängig, zyklisch**
decline There has been a marked decline in tobacco sales.	**Rückgang** Der Verkauf von Tabakwaren ist deutlich zurückgegangen.
depressed The market is still depressed.	**schleppend, flau** Der Markt ist immer noch flau.
developed country	**Industrieland, Industriestaat**
▪ **developing country**	**Entwicklungsland**
downswing, downturn	**Abschwung**
▪ **economic** The economic situation has reached a critical stage.	**ökonomisch, wirtschaftlich** Die Wirtschaftssituation hat einen kritischen Punkt erreicht.
economic forecaster Economic forecasters predict a slowdown in production.	**Wirtschaftsprognostiker(in)** Wirtschaftsprognostiker sagen einen Produktionsrückgang vorher.
economic growth	**Wirtschaftswachstum**
economic policy	**Wirtschaftspolitik**
▪ **economics** I found economics a fascinating degree subject.	**Wirtschaftswissenschaft, Volkswirtschaftslehre** Ich empfand Wirtschaftswissenschaft als ein faszinierendes Studienfach.
economic summit 12 nations attended the economic summit.	**Wirtschaftsgipfel** 12 Länder nahmen am Wirtschaftsgipfel teil.
▪ **economist**	**Wirtschaftswissenschaftler(in), Volkswirt(in)**

▪ **economy** The economy is moving into recession.	**Wirtschaft** Die Wirtschaft bewegt sich auf eine Rezession zu.
euro zone	**Eurozone**
European Monetary Union, EMU	**Europäische Währungsunion, EWU**
Exchequer *Br.* There is more money in the Exchequer since taxes increased.	**Finanzministerium** Dem Finanzministerium steht seit den Steuererhöhungen mehr Geld zur Verfügung.
▪ **finance**	**Finanzwesen**
financial services	**Finanzdienstleistungen**
forecast *s.*	**Prognose, Vorhersage**
▪ **forecast** *v.* Economists are forecasting another rise in interest rates.	**prognostizieren, voraussagen** Die Wirtschaftswissenschaftler sagen eine erneute Zinserhöhung voraus.
▪ **free enterprise**	**freies Unternehmertum**
free market economy	**freie Marktwirtschaft**
global: go global More and more companies are going global.	**weltweit agieren** Immer mehr Unternehmen agieren weltweit.
globalization	**Globalisierung**
globalize	**globalisieren**
government aid Government aid for disabled workplaces is increasing.	**staatliche Förderung** Die staatliche Förderung von Behindertenarbeitsplätzen nimmt zu.
▪ **growth industry** The leisure sector is a growth industry.	**Wachstumsbranche, Wachstumsindustrie** Der Freizeitsektor ist eine Wachstumsbranche.
headline rate	**Preisindex für Einzelhandel und Lebenshaltung**

inflation **– creeping inflation** **– runaway inflation** **– spiralling** (*Am.* **spiraling**) **inflation**	**Inflation** **– schleichende Inflation** **– galoppierende Inflation** **– schnell wachsende Inflation**
inflation-adjusted These are the inflation-adjusted figures.	**inflationsbereinigt** Das sind die inflationsbereinigten Zahlen.
invisible earnings Income from tourism counts among invisible earnings.	**Einkünfte aus unsichtbaren Leistungen** Einnahmen aus dem Tourismus gehören zu den Einkünften aus unsichtbaren Leistungen.
knock-on effect Higher interest rates are having a knock-on effect on house prices.	**Anstoßwirkung** Die höheren Zinssätze haben dazu geführt, dass nun auch die Wohnungspreise steigen.
landlocked country	**Binnenstaat, Land ohne Zugang zum Meer**
leisure industry The leisure industry is turning into one of our key industries.	**Freizeitindustrie** Die Freizeitindustrie entwickelt sich zu einem unserer Hauptwirtschaftszweige.
less-developed country	**Entwicklungsland**
▪ **line of business** Which line of business are you in?	**Sparte** In welcher Sparte sind Sie tätig?
meritocracy	**Leistungsgesellschaft**
▪ **mixed economy**	**Mischwirtschaft**
▪ **monetary policy** The central bank's monetary policy is proving successful.	**Geldpolitik** Die Geldpolitik der Zentralbank erweist sich als erfolgreich.
▪ **national debt**	**öffentliche Verschuldung, Staatsschuld**
national economy	**Gesamtwirtschaft, Volkswirtschaft**

national expenditure	**Staatsausgaben**
▪ **nationalized industry** Coalmining is no longer a nationalized industry.	**verstaatlichter Industriezweig** Der Bergbau ist kein verstaatlichter Industriezweig mehr.
official figures	**amtliche Zahlen**
open market	**freier Markt, offener Markt**
Pacific Rim	**pazifische Randgebiete** *pl.*
▪ **per capita** Per capita income has increased by 3%.	**pro Kopf** Das Pro-Kopf-Einkommen ist um 3% gestiegen.
performance indicator	**Leistungsindikator**
▪ **planned economy**	**Planwirtschaft**
prices and incomes policy	**Preis- und Einkommenspolitik**
▪ **private enterprise** It will take some time to adjust to private enterprise.	**private Marktwirtschaft** Es wird einige Zeit dauern, bis man sich an die private Marktwirtschaft gewöhnt hat.
private sector	**privater Sektor, Privatwirtschaft**
▪ **privatization** Privatization of the electricity industry has proved a success.	**Privatisierung** Die Privatisierung der Stromwirtschaft hat sich als erfolgreich erwiesen.
privatize	**privatisieren**
project	**vorhersagen**
projection	**Vorhersage**
▪ **prospects** Economic prospects for the country are good.	**Aussichten** Die Wirtschaftsaussichten für das Land sind gut.
prosperity	**Wohlstand**
public debt The government has promised to reduce public debt within a year.	**Staatsverschuldung** Die Regierung hat versprochen, innerhalb eines Jahres die Staatsverschuldung zu reduzieren.

public expenditure	**Staatsausgaben**
public finances	**Staatsfinanzen**
public ownership	**Staatseigentum**
public sector	**öffentlicher Sektor**
public sector net cash requirement *Br.*	**Kreditbedarf der öffentlichen Hand**
public sector pay Public sector pay rises are linked to inflation.	**Bezahlung im öffentlichen Dienst** Im öffentlichen Dienst sind Gehaltserhöhungen inflationsgebunden.
▪ **public spending** I'd like to see more public spending on the environment.	**Staatsausgaben** *pl.* Ich würde mich freuen, wenn der Staat mehr für die Umwelt ausgeben würde.
raise funds	**Geldmittel beschaffen**
▪ **exchange rate** The rise in the exchange rate of the US dollar has so far not had any negative impact on our costs.	**Wechselkurs** Bisher hat sich der Kursanstieg des US-Dollars nicht negativ auf unsere Kosten ausgewirkt.
▪ **rate of inflation**	**Inflationsrate**
▪ **recession** Recession always means rising unemployment.	**Rezession** Rezession bedeutet immer steigende Arbeitslosigkeit.
revenue	**Einnahmen, Einkünfte**
revitalize The new government is trying to revitalize the industry.	**neu beleben** Die neue Regierung versucht, die Industrie neu zu beleben.
rise *s.*	**Erhöhung, Anstieg**
▪ **rise** *v.* Prices are rising in line with inflation.	**steigen** Die Preise steigen mit der Inflation.
rise in prices	**Teuerung**
rising Rising unemployment figures are causing concern.	**steigend** Steigende Arbeitslosenzahlen geben Anlass zur Sorge.

	seasonally adjusted Are the unemployment figures seasonally adjusted?	**saisonbereinigt** Sind die Arbeitslosenzahlen saisonbereinigt?
	sector	**Sektor, Branche**
▪	**self-sufficient**	**autark**
	single European market	**europäischer Binnenmarkt**
	slow down The drop in exports has led to a significant slowing down of economic growth.	**abflauen, sich verlangsamen** Der Exportrückgang hat zu einer deutlichen Verlangsamung des Wirtschaftswachstums geführt.
▪	**slump** There has been a slump in house purchases since mortgage rates increased.	**Sturz, Einbruch, Rezession** Seit die Hypothekenzinsen gestiegen sind, gab es einen Einbruch im Kauf von Wohnungen.
▪	**social market economy**	**soziale Marktwirtschaft**
▪	**social spending** The government's social spending has increased by 12%.	**Sozialausgaben** *pl.* Die Sozialausgaben der Regierung sind um 12% gestiegen.
	social welfare	**Sozialfürsorge, Sozialhilfe**
	stabilize	**(sich) stabilisieren**
▪	**stable** The country's stable economy is attracting investors.	**stabil** Die stabile Wirtschaft des Landes zieht Investoren an.
	state-owned enterprise	**staatliches Unternehmen**
▪	**steady** The last two years have seen a steady growth in productivity.	**beständig** Die letzten zwei Jahre gab es ein beständiges Produktionswachstum.
	steep	**steil**
	sustainable We don't just want growth, we want sustainable growth.	**nachhaltig** Wir wollen nicht nur Wachstum, sondern nachhaltiges Wachstum.

▪ **Treasury** The Treasury forecasts are usually accurate.	**Schatzamt, Finanzministerium** Die Prognosen des Finanzministeriums sind meistens richtig.
Treasury Secretary *Am.*	**Finanzminister(in)**
trough The economy is going through a trough.	**Talsohle, Tief(punkt)** Die Wirtschaft hat eine Talsohle erreicht.
tycoon	**Großindustrielle(r), Magnat**
underlying inflation (rate)	**Grundinflation(srate)**
up-and-coming It's an up-and-coming industry led by young executives.	**aufstrebend** Es ist eine aufstrebende Industrie, die von jungen Unternehmern geführt wird.
upswing, upturn	**Aufschwung**
▪ **utilities** Gas, electricity and water are the main utilities.	**Versorgungsbetriebe, Versorger** Gas-, Elektrizitäts- und Wasserwerke sind die Hauptversorgungsbetriebe.
world economy The world economy is heading for recession.	**Weltwirtschaft** Die Weltwirtschaft steuert auf eine Rezession zu.
world of finance The world of finance is fascinating to an economist like me.	**Finanzwelt** Die Finanzwelt ist für einen Wirtschaftler wie mich faszinierend.
▪ **worldwide**	**weltweit, weltumspannend, global**
▪ **watchdog** "Ofwat" is the official watchdog for the water industry in Britain.	**Überwachungsorganisation, Regulierungsbehörde** „Ofwat“ ist die offizielle Überwachungsorganisation für die Wasserwirtschaft in Großbritannien.

1.2 Wirtschaftskriminalität

	backhander *F*	**Schmiergeld**
▪	**bribe**	**Bestechungsgeld, Schmiergeld**
	She admitted to taking bribes from the suppliers.	Sie gab zu, Bestechungsgelder von den Zulieferern angenommen zu haben.
	bribery	**Bestechung**
	computer crime	**Computerkriminalität**
	Computer crime is very hard to control.	Die Computerkriminalität ist schwer zu kontrollieren.
▪	**con man** *F*	**Betrüger, Hochstapler**
	His broker turned out to be a con man.	Es stellte sich heraus, dass sein Börsenmakler ein Betrüger war.
	corporate crime	**Wirtschaftskriminalität**
	embezzle	**unterschlagen**
	Her solicitor embezzled the deposit on the warehouse she was buying.	Ihr Anwalt hat die Kaution auf das Lager, das sie kaufen wollte, unterschlagen.
	embezzlement	**Unterschlagung, Veruntreuung**
	He was jailed for embezzlement.	Er wurde wegen Unterschlagung inhaftiert.
▪	**fraud**	**Betrug**
	fraudulent	**betrügerisch**
	It was a case of fraudulent bankruptcy.	Es war ein Fall von betrügerischem Bankrott.
	hack *v/t. F*	**hacken** *F*, unberechtigt in ein Computernetz eindringen
▪	**insider trading**	**Insidergeschäfte** *pl.*
	They were heavily fined for insider trading.	Sie wurden auf Grund von Insidergeschäften zu einer hohen Geldstrafe verurteilt.

kickback *F*	**Schmiergeld, geheime Provision**
The manager received a kickback for any players he transferred.	Der Manager bekam für jeden Spieler, den er vermittelte, eine geheime Provision.
misappropriation of funds	**widerrechtliche Verwendung von Geldern**
▪ **price-fixing**	**illegale Preisabsprache**
racketeer	**Schieber**
scam *F*	**Betrug**
It was the biggest insurance scam of the 1980s.	Es war der größte Versicherungsbetrug der 80er-Jahre.
shady practices	**unsaubere Geschäftsmethoden**
tax fraud	**Steuerbetrug**
The Inland Revenue uncovered a major tax fraud.	Das Finanzamt deckte einen riesigen Steuerbetrug auf.
unfair trading practices	**unlauterer Wettbewerb** *sg.*
Both companies were accused of unfair trading practices.	Beide Firmen wurden wegen unlauteren Wettbewerbs angeklagt.
wheeler-dealer *F*	**gerissener Geschäftemacher, Schlitzohr** *F*
▪ **white-collar crime**	**Wirtschaftsverbrechen**
White-collar crime is on the increase.	Wirtschaftsverbrechen nehmen zu.
wide boy *F*	**Gauner** *F*

1.3 Persönliche wirtschaftliche Situation

▪ **cost of living**	**Lebenshaltungskosten** *pl.*
The cost of living is increasing by about 2.5% each year.	Die Lebenshaltungskosten steigen jedes Jahr ungefähr um 2,5%.
DINKs *F* **(= double income no kids)**	**kinderlose Doppelverdiener**
high-income earner	**Großverdiener(in)**
▪ **income bracket**	**Einkommensgruppe**

▪ **index-linked** Your pension should be index-linked.	**indexgebunden** Ihre Rente sollte index-gebunden sein.
low-income earner	**Kleinverdiener(in)**
▪ **poverty line** The lowest-income families live on the poverty line.	**Armutsgrenze** Familien mit sehr geringem Einkommen leben an der Armutsgrenze.
poverty trap	**Armutsfalle**
quality of life	**Lebensqualität**
sole earner She's the sole earner in the family.	**Alleinverdiener(in)** Sie ist die Alleinverdienerin in der Familie.
▪ **standard of living** The standard of living seems to have gone down since the new government took over.	**Lebensstandard** Der Lebensstandard scheint gesunken zu sein, seit die neue Regierung an der Macht ist.
subsistence level 20% of the population live at subsistence level.	**Existenzminimum** 20% der Bevölkerung leben am Existenzminimum.
▪ **wealth** The distribution of wealth in many countries is unbalanced.	**Wohlstand, Vermögen, Reichtum** In vielen Ländern ist der Reichtum ungleich verteilt.
▪ **wealthy**	**wohlhabend**
▪ **well off**	**reich, begütert**

2 Bank und Börse

2.1 Bankgeschäfte

▪ **account, a/c, A/C** (*siehe auch* **bank account**)	**Konto, Kto.**
a/c payee, account payee (only)	*auf einem Scheck:* zur Verrechnung
▪ **account holder** Please tick here if you are the sole account holder.	**Kontoinhaber** Bitte hier ankreuzen, wenn Sie der alleinige Kontoinhaber sind.
account number	**Kontonummer**
additional charge Express transfers are subject to an additional charge.	**Zuschlag, Zusatzgebühr** Bei Eilaufträgen muss eine zusätzliche Gebühr entrichtet werden.
affinity card	**Kreditkarte** *(in Verbindung mit einer Organisation wie einer Universität, Wohltätigkeitsgesellschaft usw. ausgestellt)*
ATM (= automated teller machine) ➛ cash dispenser	**Geldautomat**
▪ **backdate, predate** Please do not backdate cheques.	**(zu)rückdatieren** Schecks bitte nicht zurückdatieren.
bad cheque (*Am.* **check**) This is the second bad cheque we've received this week.	**ungedeckter Scheck** Dies ist der zweite ungedeckte Scheck, den wir diese Woche bekommen haben.

	bank He works for a bank.	**Bank, Kreditinstitut** Er arbeitet bei einer Bank.
	bank account I have a bank account with First Choice.	**Bankkonto** Ich habe ein Bankkonto bei „First Choice“.
▪	**bank balance** Your bank balance is shown in the right-hand column.	**Bankguthaben, Banksaldo** Ihr Bankguthaben wird in der rechten Spalte aufgeführt.
▪	**bank charges** You can offset your bank charges against tax.	**Bankgebühren** Sie können Ihre Bankgebühren von der Steuer absetzen.
	bank clerk	**Bankangestellte(r)**
	bank draft, banker's draft	**Banktratte**
	banker I come from a family of bankers.	**Bankier, Bankangestellte(r),Banker(in)** Ich komme aus einer Banker-Familie.
	banker's order ➛ standing order	
	banking Banking isn't as boring as it sounds.	**Bankwesen** Das Bankwesen ist nicht so langweilig, wie es klingt.
▪	**bank manager** I'd like an appointment with the bank manager, please.	**Bankdirektor** Ich hätte gern einen Termin beim Bankdirektor.
	banknote We exchange banknotes but not coins.	**Banknote, Geldschein** Geldscheine tauschen wir um, Kleingeld aber nicht.
	Bank of England The Bank of England has a similar function to the Deutsche Bundesbank.	**englische Zentralbank** Die „Bank of England“ hat eine ähnliche Funktion wie die Deutsche Bundesbank.
▪	**(bank) statement** A bank statement will be issued on the 5th of each month.	**Kontoauszug** Am 5. jedes Monats erhalten Sie einen Kontoauszug.
	bank with Who do you bank with?	**ein Konto unterhalten bei** Bei welcher Bank sind Sie?

bearer Pay the bearer the sum of …	**Inhaber(in), Überbringer(in)** Zahlen Sie dem Überbringer den Betrag von …
bill of exchange	**Tratte, Wechsel**
▪ **blank cheque** (*Am.* **check**) Nobody has ever given me a blank cheque.	**Blankoscheck** Mir hat noch nie jemand einen Blankoscheck gegeben.
▪ **bounce** The cheque you sent us has bounced.	*Scheck:* **platzen** Der Scheck, den Sie uns geschickt haben, ist geplatzt.
bounced cheque (*Am.* **check**)	**geplatzter/ungedeckter Scheck**
▪ **branch**	**Filiale, Zweigstelle**
branch manager	**Filialleiter(in)**
building society *Br.* There aren't many building societies left these days.	**Bausparkasse** Heutzutage gibt es nicht mehr viele Bausparkassen.
▪ **business account** There is a monthly charge for business accounts.	**Geschäftskonto** Für Geschäftskonten wird eine monatliche Gebühr erhoben.
▪ **cancel** I would be grateful if you could cancel cheque no. 276 to the sum of £560.	**stornieren** Ich wäre Ihnen dankbar, wenn Sie Scheck-Nr. 276 in Höhe von £ 560 stornieren würden.
cancellation fee	**Stornogebühr**
cardholder Cardholders are advised to insure against loss of their credit card.	**(Kredit)Karteninhaber** Es wird Kreditkarteninhabern empfohlen, sich gegen den Verlust ihrer Kreditkarte zu versichern.
▪ **cash** *s.* I never carry much cash on me.	**Bargeld** Ich habe nie viel Bargeld bei mir.
cash *adv.* Can I pay cash?	**bar** Kann ich bar bezahlen?
cash: for cash	**gegen Barzahlung**

▪ **cash a cheque** (*Am.* **check**) I'd like to cash this cheque, please.	**einen Scheck einlösen** Ich möchte bitte diesen Scheck einlösen.
cash balance	**Barguthaben, Bankguthaben**
cash card Please sign your cash card immediately.	**Geldautomatenkarte** Bitte unterzeichnen Sie Ihre Geldautomatenkarte sofort.
cash deposit	**Anzahlung**
▪ **cash dispenser,** *F* **hole-in-the-wall** None of the cash dispensers are working.	**Geldautomat** Keiner der Geldautomaten funktioniert.
cash flow I've got cash flow problems at the moment.	**Cashflow, Kapitalfluss** Ich habe momentan Geldschwierigkeiten.
cash in hand	**Bargeld, Kassenbestand**
cashless payment	**bargeldlose Zahlung**
cash withdrawal Daily cash withdrawals of up to DM 1,000 may be made.	**Barabhebung, Barentnahme** Tägliche Barabhebungen bis zu DM 1.000 sind erlaubt.
charge account She has a charge account with seven different stores.	**Abzahlungskonto** Sie hat bei sieben verschiedenen Geschäften ein Abzahlungskonto.
▪ **cheque,** *Am.* **check** Can I make out two cheques?	**Scheck** Kann ich zwei Schecks ausstellen?
cheque account, *Am.* **checking account** You won't earn much interest with a cheque account.	**Girokonto** Bei einem Girokonto bekommst du nicht viel Zinsen.
▪ **cheque book** *Br.* You should keep your cheque book and cheque card in a separate place.	**Scheckheft** Man sollte sein Scheckheft und seine Scheckkarte an verschiedenen Orten aufbewahren.
cheque card *Br.*	**Scheckkarte**

■ **clear** It takes ten days for cheques to be cleared.	*Scheck:* **verrechnen** Die Verrechnung von Schecks dauert zehn Tage.
clearing bank The cheque has to go through a clearing bank before it reaches your account.	**Abrechnungsbank, Clearingbank** Der Scheck muss erst eine Abrechnungsstelle durchlaufen, bevor er Ihrem Konto gutgeschrieben wird.
collecting bank	**Inkassobank**
commercial bank It's one of Belgium's largest commercial banks.	**Handelsbank** Es ist eine der größten Handelsbanken in Belgien.
■ **credit** If your credit falls below £2,000 you won't earn any interest.	**Kredit, Guthaben** Wenn Ihr Guthaben niedriger als £ 2.000 ist, bekommen Sie keine Zinsen.
credit balance	**Guthaben**
credit card I paid for everything by credit card.	**Kreditkarte** Ich habe alles mit Kreditkarte bezahlt.
■ **credit limit** I've applied to have my credit limit increased.	**Kredithöchstgrenze** Ich habe eine Erhöhung meines Kreditrahmens beantragt.
credit slip You should keep all your credit slips to check against your statement.	**Bon, Einzahlungsbeleg** Du solltest alle deine Einzahlungsbelege aufbewahren, um sie mit dem Kontoauszug zu vergleichen.
■ **crossed cheque** (*Am.* **check**) If a crossed cheque gets lost, nobody else can cash it in.	**Verrechnungsscheck** Wenn ein Verrechnungsscheck verloren geht, kann ihn niemand anders gegen bar einlösen.
currency "Thomas Cook" have most European currencies available.	**Währung** „Thomas Cook" hat die meisten europäischen Währungen vorrätig.

current Our expenses in the current business year have gone up.	**aktuell, laufend** Unsere Ausgaben sind im laufenden Geschäftsjahr gestiegen.
▪ **current account** I have current accounts with two different banks.	**Girokonto, Kontokorrent, Scheckkonto** Ich habe Girokonten bei zwei verschiedenen Banken.
▪ **debit** *s.* There are two debits I can't account for.	**Belastung, Lastschrift** Es gibt zwei Belastungen, die ich mir nicht erklären kann.
debit *v.* My electricity and telephone bills are debited to my account every quarter.	**belasten, abbuchen** Meine Strom- und meine Telefonrechnung werden jedes Quartal von meinem Konto abgebucht.
debit card You can pay by cheque or debit card.	**Kundenkarte** Sie können mit Scheck oder Kundenkarte bezahlen.
debit note	**Lastschriftanzeige**
denomination We don't have any larger-denomination notes.	**Nennwert** Wir haben keine Geldscheine mit größerem Nennwert.
▪ **deposit** I'd like to make a cash deposit into my account.	**Einzahlung** Ich möchte eine Bareinzahlung auf mein Konto vornehmen.
▪ **deposit account**	**Sparkonto**
▪ **direct debit** I pay all my monthly bills by direct debit.	**Einzugsverfahren, Abbuchung durch Einzugsermächtigung** Ich habe für alle meine monatlichen Rechnungen eine Einzugsermächtigung erteilt.
discount rate	**Diskontsatz**
▪ **draw** You can draw up to £250 a day.	**abheben** Sie dürfen bis zu £ 250 am Tag abheben.

drawee	**Bezogene(r)**
drawer	**(Scheck-/Wechsel-) Aussteller(in)**
encashment There's no charge for the encashment of a cheque.	**Einlösung** Für die Einlösung eines Schecks wird keine Gebühr erhoben.
endorse She failed to endorse the cheque.	**indossieren, auf der Rückseite unterschreiben** Sie hat versäumt, den Scheck auf der Rückseite zu unterschreiben.
euro bank account Most companies now have a euro bank account.	**Euro-Konto** Die meisten Firmen führen jetzt ein Euro-Konto.
eurocurrency The eurocurrency market is steadily growing.	**Eurowährung** Der Eurowährungsmarkt wächst stetig.
▪ **European Central Bank, ECB**	**Europäische Zentralbank, EZB**
Fed, Federal Reserve System	**Zentralbanksystem der Vereinigten Staaten, amerikanische Zentralbank**
finance house A finance house provides loans.	**Kundenkreditbank** Eine Kundenkreditbank stellt Darlehen bereit.
foreign account	**Auslandskonto**
▪ **free banking** Some banks are threatening to end free banking.	**Bankgebührenfreiheit** Manche Banken drohen, die Gebührenfreiheit aufzuheben.
frozen Her accounts are frozen.	**eingefroren, gesperrt** Ihre Konten sind gesperrt.
Girobank *Br.*	*ehemals:* **Postbank**
greenback *F* It's called a greenback because it's printed in green on the back.	**Dollarschein** Er heißt „Greenback“, weil er auf der Rückseite grün bedruckt ist.

▪ **high-street bank** A high-street bank doesn't have to be in the high street of a town.	**Geschäftsbank** Eine „high-street bank" muss nicht unbedingt in der Hauptstraße der Stadt sein.
honour, *Am.* **honor** The cheque hasn't been honoured by the bank yet.	*Scheck:* **annehmen, einlösen** Der Scheck ist noch nicht von der Bank eingelöst worden.
▪ **International Monetary Fund, IMF**	**Internationaler Währungsfonds, IWF**
international money order The best method of payment is by international money order.	**Auslandspostanweisung** Die beste Zahlungsmethode ist per Auslandspostanweisung.
▪ **investment account** You could put half of the money into an investment account.	**Festgeldkonto** Sie könnten die Hälfte des Geldes auf einem Festgeldkonto anlegen.
ISA *Br.* ISAs were introduced to replace TESSAs.	**steuerfreies Sparkonto** ISAs wurden eingeführt, um TESSAs zu ersetzen.
issue How often does the Bundesbank issue new banknotes?	**ausgeben, ausstellen, in Umlauf bringen** Wie oft bringt die Bundesbank neue Banknoten in Umlauf?
issuing bank	**Emissionsbank**
▪ **joint (bank) account** My wife and I have a joint account.	**gemeinsames Konto** Meine Frau und ich haben ein gemeinsames Konto.
joint-stock bank	**Aktienbank**
launder The drug dealers laundered $1 million through an American bank.	**waschen** Die Drogenhändler haben bei einer amerikanischen Bank $ 1 Million gewaschen.
legal tender These notes are no longer legal tender in this country.	**gesetzliches Zahlungsmittel** Diese Geldscheine sind hier zu Lande kein gesetzliches Zahlungsmittel mehr.

life savings Many Russians have lost their life savings.	**Lebensersparnisse** Viele Russen haben ihre Lebensersparnisse verloren.
liquid assets Liquid assets are quickly converted into cash.	**flüssige Mittel** Flüssige Mittel können schnell in Bargeld umgewandelt werden.
▪ **make out** Who should I make the cheque out to?	**ausstellen** An wen soll ich den Scheck ausstellen?
means of payment	**Zahlungsmittel**
megabucks *F* He made megabucks selling Websites.	**großes Geld, Schweinegeld** *F* Er machte mit dem Verkauf von Webseiten ein Schweinegeld.
▪ **merchant bank**	**Handelsbank**
mini statement You can get a mini statement from the cash dispenser.	**Kontostand** *(Kontoauszug, der nur die letzten 6–8 Kontobewegungen aufzeigt)* Sie können Ihren Kontostand am Geldautomaten abrufen.
▪ **money**	**Geld**
money laundering The government is clamping down on money laundering.	**Geldwäsche** Die Regierung geht scharf gegen Geldwäsche vor.
money order *Am.*	**indossierbare Anweisung**
▪ **monthly statement**	**Monatsauszug**
– National Savings *Br.* **– National Savings Bank** **– National Savings Certificate**	**– Schatzbriefe** – *etwa:* **Postsparkasse** **– staatlicher Sparbrief**
near money	**Beinahgeld, leicht liquidierbare Einlagen, geldnahe Einlagen**
negotiable: not negotiable, non-negotiable This cheque is not negotiable.	**nicht übertragbar, nur zur Verrechnung** Dieser Scheck ist nur zur Verrechnung.

night safe	**Nachtsafe, Nachttresor**
▪ **note** Could I have eight twenty-pound notes and the rest in fives, please?	**Geldschein** Ich hätte gern acht 20-Pfund-Scheine und den Rest in 5-Pfund-Scheinen.
numbered account	**Nummernkonto**
open cheque (*Am.* **check**)	**Barscheck**
opening balance You must have an opening balance of at least $500.	**Eröffnungsbilanz** Die Eröffnungsbilanz muss mindestens $ 500 betragen.
outstanding balance You have an outstanding balance of $5,358.	**ausstehende Schuld, Soll** Ihr Soll beträgt $ 5.358.
▪ **overdraft** He's got an overdraft of £370.	**Kontoüberziehung** Er hat sein Konto um £ 370 überzogen.
overdraft facility/limit My overdraft limit is DM5,000.	**Dispositionskredit, Dispositionsrahmen, Dispositionslimit** Mein Dispo liegt bei DM 5.000.
▪ **overdraw** I accidentally overdrew my account.	**überziehen** Ich habe mein Konto aus Versehen überzogen.
passbook You can't withdraw money without your passbook.	**Sparbuch** Sie können ohne Ihr Sparbuch kein Geld abheben.
▪ **payable (to)** **– payable on demand**	**zahlbar (an)** **– zahlbar bei Sicht**
▪ **payee** The payee should be entered in the top line.	**Zahlungsempfänger(in)** Der Zahlungsempfänger sollte in die oberste Zeile eingetragen werden.
▪ **pay in** Have you paid it into your account yet?	**einzahlen** Hast du es schon auf dein Konto eingezahlt?

pay in cash We paid the whole sum in cash.	**bar zahlen** Wir haben die Gesamtsumme bar bezahlt.
pay in full	**restlos bezahlen**
paying-in slip	**Einzahlungsschein**
▪ **payment** Payment is due on the 12th.	**Bezahlung, Zahlung** Die Zahlung wird am 12. fällig.
payment method	**Zahlungsweise**
pay money into an account	**Geld auf ein Konto einzahlen**
▪ **PIN (number), personal identity number** It's very easy to change your PIN number.	**Geheimzahl** Es ist ganz einfach, seine Geheimzahl zu ändern.
post office savings bank *Br.*	*etwa:* **Postsparkasse**
▪ **postal order** My aunt sends me a postal order every Christmas.	**Postanweisung** Meine Tante schickt mir zu Weihnachten immer eine Postanweisung.
▪ **postdate**	**nachdatieren**
promissory note I received a promissory note from the bank.	**Schuldschein, Solawechsel** Ich habe einen Schuldschein von der Bank bekommen.
raise a check *Am.*	**einen Scheck ausstellen**
ready cash How much ready cash have you got altogether?	**Bargeld** Wie viel Bargeld hast du insgesamt?
remittance Your remittance should reach us by April 15.	**Überweisung** Ihre Überweisung sollte bis 15. April bei uns eingehen.
run on a bank There was a run on all banks after the finance minister's speech.	**Ansturm auf eine Bank** Nach der Rede des Finanzministers gab es einen Ansturm auf alle Banken.
safe-deposit box	**Schließfach**
▪ **savings** You'll have to break into your savings.	**Ersparnisse, Spareinlagen** Du wirst deine Ersparnisse antasten müssen.

▪ **savings account** I'm going to put most of the money into my savings account.	**Sparkonto** Ich werde das meiste Geld auf mein Sparkonto einzahlen.
savings bank	**Sparkasse**
settle We should settle our credit card account on the evening before we leave.	**ausgleichen** Wir sollten unser Kreditkartenkonto am Abend vor unserer Abreise ausgleichen.
▪ **sort code,** *Am.* **routing number** Your bank's sort code is on the top right of your cheque.	**Bankleitzahl, BLZ** Die BLZ Ihrer Bank steht rechts oben auf Ihrem Scheck.
specimen signature	**Unterschriftsprobe**
▪ **standing order** The easiest way to pay regular bills is by standing order.	**Dauerauftrag** Der einfachste Weg, regelmäßige Rechnungen zu bezahlen, ist per Dauerauftrag.
▪ **stop a cheque** (*Am.* **check**) I immediately asked my bank to stop the cheque.	**einen Scheck sperren** Ich habe meine Bank sofort gebeten, den Scheck zu sperren.
strongroom The documents are all locked up in the strongroom.	**Tresor** Die Dokumente sind alle im Tresor verschlossen.
stub, counterfoil When you pay in your cheques, the cashier tears off the credit slip and leaves you with the stub.	**(Kontroll)Abschnitt** Wenn Sie Ihre Schecks zur Zahlung einreichen, trennt der Kassierer den Einzahlungsbeleg ab und überlässt Ihnen den Kontrollabschnitt.
teller	**Kassierer(in)**
transfer *s.* There is a charge of 0.01% on money transfers.	**Überweisung** Für Geldüberweisungen wird eine Gebühr von 0,01% erhoben.

▪ **transfer** *v.* I've transferred the sum to your A&L account.	**überweisen** Ich habe den Betrag auf Ihr Konto bei „A&L“ überwiesen.
transfer order	**Überweisungsauftrag**
▪ **traveller's cheque,** *Am.* **traveler's check**	**Reisescheck, Traveller-scheck**
Treasury bill	**Schatzwechsel mit drei-monatiger Laufzeit**
uncrossed cheque (*Am.* **check)**	**Barscheck**
windfall Long-term savers with the building society will receive a windfall of £2,000.	**Zufallsgewinn, unerwarteter Gewinn, Zusatzprämie** Langfristige Sparer bei der Bausparkasse erhalten eine Zusatzprämie von £ 2.000.
withdraw	**abheben**
▪ **withdrawal** I've only made one withdrawal this month.	**Abhebung** Ich habe diesen Monat nur einmal Geld abgehoben.
World Bank The World Bank lends money mainly to developing countries.	**Weltbank** Die Weltbank vergibt haupt-sächlich an Entwicklungs-länder Kredite.

2.2 Kredit und Zinsen

accrual **– accrual of interest**	**Zuwachs** **– Zinszuwachs**
accrue Your accrued interest total is shown below.	**auflaufen, anfallen** Die Summe Ihrer aufge-laufenen Zinsen ist unten aufgeführt.
amortization	**Abschreibung, Amortisierung**
amortize You can amortize the cost over three to five years.	**abschreiben, amortisieren** Sie können die Kosten über drei bis fünf Jahre abschreiben.
▪ **annual percentage rate, APR**	**effektiver Jahreszins**

arrears When do you intend to pay off your arrears?	**Rückstände** Wann beabsichtigen Sie Ihre Rückstände abzubezahlen?
▪ **bank lending rate** The bank lending rate has gone up by 0.25%.	**Kreditzinssatz** Der Kreditzinssatz ist um 0,25% gestiegen.
base (lending) rate	**Leitzins, Eckzins**
blacklist *s.*	**schwarze Liste**
blacklist *v.*	**auf die schwarze Liste setzen**
▪ **borrow** How much do you intend to borrow from your friend?	**sich leihen** Wie viel hast du vor, dir von deiner Freundin zu leihen?
▪ **borrower** The rise in interest rates will affect most borrowers.	**Kreditnehmer(in)** Die Erhöhung des Zinssatzes wird sich auf die meisten Kreditnehmer auswirken.
bridging loan We'll need a bridging loan to pay the deposit on the flat.	**Überbrückungskredit, Zwischenkredit** Wir werden einen Zwischenkredit brauchen, um die Kaution für die Wohnung zu bezahlen.
burden of debts	**Schuldenlast**
cap (interest rates) The "Bank of England" has announced that it will cap interest rates at 7%.	**(den Zinssatz) nach oben begrenzen** Die „Bank of England" hat bekannt gegeben, dass die Zinsen nicht die 7%-Marke übersteigen werden.
▪ **clear** I hope to clear my debts by the end of the year.	*Schulden:* **zurückzahlen** Ich hoffe, meine Schulden bis Jahresende zurückzahlen zu können.
clear of debts We're finally clear of debts.	**schuldenfrei** Wir sind endlich schuldenfrei.

collateral We're using the cars as collateral for the loan.	**Sicherheit, Pfand** Wir stellen die Autos als Sicherheit für den Kredit.
▪ **compound interest**	**Zinseszins**
▪ **cost of borrowing**	**Kreditbeschaffungskosten**
credit crunch, credit squeeze	**Kreditknappheit**
credit history The bank will want to know about your credit history before granting you a loan of that size.	**Kreditvergangenheit** Die Bank wird sich über Ihr Kreditverhalten in der Vergangenheit informieren wollen, bevor sie Ihnen einen so hohen Kredit gewährt.
▪ **creditor** He threatened to take his creditors to court.	**Gläubiger** Er drohte seinen Gläubigern mit einem Prozess.
credit rating	**Bonität, Kreditwürdigkeit**
▪ **creditworthiness** How will they find out about my creditworthiness?	**Kreditwürdigkeit, Kreditfähigkeit** Wie werden sie sich über meine Kreditwürdigkeit informieren?
▪ **debt** The company have got themselves into debt again.	**Schulden** *pl.* Die Firma hat sich wieder mal verschuldet.
debt burden	**Schuldenlast**
debt collection agency	**Inkassobüro**
debtor	**Schuldner(in)**
▪ **debt relief**	**Schuldenerlass**
debt repayment	**Schuldenrückzahlung**
defer You can ask for your debts to be deferred.	*Kredit:* **Aufschub/Stundung der Rückzahlung** Sie können einen Aufschub Ihrer Kreditrückzahlung beantragen.
▪ **down payment** There's a down payment and three quarterly payments.	**Anzahlung** Es gibt eine Anzahlung und drei vierteljährliche Zahlungen.

▪ **due** The final payment is due on 12 November.	**fällig, zahlbar** Die letzte Zahlung ist am 12. November fällig.
external debt	**Auslandsverschuldung**
▪ **fixed-interest loan** Fortunately we took out a fixed-interest loan before interest rates went up.	**festverzinsliches Darlehen** Zum Glück haben wir ein festverzinsliches Darlehen aufgenommen, bevor der Zinssatz stieg.
foreign loan	**Auslandskredit**
grant a loan	**ein Darlehen/einen Kredit gewähren**
guarantor He has agreed to stand guarantor for me.	**Bürge, Bürgin** Er hat sich bereit erklärt, die Bürgschaft für mich zu übernehmen.
▪ **high-interest account**	**hoch verzinsliches Konto**
hire purchase I'm buying it on hire purchase.	**Ratenkauf** Ich kaufe es auf Raten.
incur The company has incurred massive debts.	**verursachen, machen** Die Firma hat sich massiv verschuldet.
▪ **instalment,** *Am.* **installment** I'd like to pay for it in instalments.	**Zahlung, Rate** Ich möchte es gern in Raten bezahlen.
▪ **interest** How much interest are you earning?	**Zinsen** *pl.* Wie hoch sind Ihre Zinseinnahmen?
interest-bearing	**zinsbringend**
interest charge	**Zinsbelastung**
interest earned	**Zinsertrag**
interest-free The company has promised me an interest-free loan.	**zinsfrei** Die Firma hat mir einen zinsfreien Kredit versprochen.
▪ **interest rate, rate of interest** Long-term interest rates are quite favourable at the moment.	**Zinssatz** Langfristige Zinssätze sind momentan recht günstig.

▪ **IOU (= I owe you)** Can I give you an IOU?	**Schuldschein** Kann ich dir einen Schuldschein geben?
keep up one's payments	**mit seinen Zahlungen auf dem Laufenden bleiben**
key interest rate There has been a rise of 0.2% in the key interest rate.	**Leitzins** Der Leitzins ist um 0,2% erhöht worden.
▪ **lend** They won't lend you money just like that.	**verleihen** Sie werden Ihnen so ohne weiteres kein Geld leihen.
lender You have to have a licence to be a lender.	**Kreditgeber(in)** Man muss als Kreditgeber eine Lizenz haben.
lending policy	**Kreditpolitik**
lending rate	**Kreditzins**
lend on security	**besicherten Kredit gewähren**
letter of credit Take this letter of credit to your branch and they'll give you the money.	**Akkreditiv** Bringen Sie dieses Akkreditiv zu Ihrer Bankfiliale und Sie erhalten den Betrag.
level of debt	**Verschuldung, Schuldenstand**
▪ **loan** You should consider a long-term loan.	**Kredit, Darlehen** Sie sollten einen langfristigen Kredit in Betracht ziehen.
loan bank	**Kreditbank, Darlehenskasse**
loan financing	**Kreditfinanzierung**
loan guarantee	**Kreditbürgschaft**
loan repayment **– loan repayment schedule**	**Kreditrückzahlung, Darlehenstilgung** **– Darlehensrückzahlungsplan**
▪ **loan shark** *F* Watch out for loan sharks!	**Kredithai** *F* Nehmen Sie sich vor Kredithaien in Acht!
▪ **mortgage** *s.*	**Hypothek**

	mortgage *v.* We had to mortgage the house to pay for the operation.	**hypothekarisch belasten** Wir mussten das Haus hypothekarisch belasten, um die Operation zu bezahlen.
	mortgage lender	**Hypothekengeldgeber**
▪	**mortgage rate**	**Hypothekenzinssatz**
	mountain of debt	**Schuldenberg**
	never: on the never-never *F* I bought it on the never-never.	**auf Pump** *F*, **zum Abstottern** Ich muss es abstottern.
	outstanding debts We want to pay off all our outstanding debts before Christmas.	**Außenstände** Wir wollen alle unsere Außenstände vor Weihnachten bezahlen.
	overstretch oneself	**sich finanziell übernehmen**
▪	**owe** You owe me 1,250 marks.	**schulden** Sie schulden mir 1.250 Mark.
	owing There is still a large sum owing.	**unbezahlt** Es ist noch ein hoher Betrag offen.
	part payment	**Abschlagszahlung, Teilzahlung**
▪	**pay** I've paid all my debts in full.	**bezahlen** Ich habe meine Schulden restlos bezahlt.
▪	**pay back**	**zurückzahlen**
▪	**payment** There's a fine for late payment.	**Zahlung** Bei verspäteter Zahlung ist eine Geldstrafe zu entrichten.
	payment due	**fällige Zahlung**
	pay off You can pay it off on a monthly or weekly basis.	**abbezahlen, zurückzahlen** Sie können es auf monatlicher oder wöchentlicher Basis zurückzahlen.
	personal loan	**Personalkredit**
	pledge	**Pfand**

prime lending rate	**Sollzinssatz für erstklassige Kunden**
raise a loan	**ein Darlehen/eine Anleihe aufnehmen**
refinance The other possibility would be to refinance the loan.	**umschulden** Die andere Möglichkeit wäre, den Kredit umzuschulden.
▪ **reminder**	**Mahnung**
▪ **repay** We can't grant you another loan until you have repaid the existing one.	**zurückzahlen, tilgen** Wir können Ihnen kein weiteres Darlehen gewähren, bis Sie das schon bestehende zurückgezahlt haben.
repayment	**Rückzahlung**
reschedule (a loan)	**(einen Kredit) umschulden**
▪ **run into debt, run up debts**	**in Schulden geraten**
▪ **security**	**Sicherheit, Kaution**
service a loan Our experts can help you service your loan.	**ein Darlehen bedienen** Unsere Experten können Ihnen helfen, Ihr Darlehen zu bedienen.
settlement	**Zahlung, Ausgleich**
surety	**Bürgschaftsleistung, Sicherheit**
▪ **terms of credit** The terms of credit are described in the enclosed brochure.	**Kreditbedingungen** Die Kreditbedingungen werden in der beigefügten Broschüre beschrieben.
terms of payment	**Zahlungsbedingungen**
undischarged debt	**nicht beglichene Schuld**
unsecured loan	**Blankokredit**
usury Those interest rates amount to usury!	**Wucher** Diese Zinssätze sind ja der reinste Wucher!
waive a debt	**eine Schuld erlassen**

2.3 Börse und Investment

active trading There was active trading on the Frankfurt stock exchange today.	**lebhafter Handel** Heute gab es an der Frankfurter Börse lebhaften Handel.
added value	**Mehrwert, Wertschöpfung**
all-time high The pound hit an all-time high against the French franc yesterday.	**absoluter Höchststand, Rekordhöchststand** Das Pfund erreichte gestern ein Rekordhoch gegenüber dem französischen Franc.
all-time low Shares dropped to an all-time low on the news.	**Rekordtiefststand** Die Aktien fielen auf Grund der Nachricht auf ein Rekordtief.
▪ **appreciate** Your portfolio has appreciated considerably over the last 5 years.	**im Wert steigen** Ihr Portfolio ist in den letzten 5 Jahren beträchtlich im Wert gestiegen.
appreciation	**Wertsteigerung**
asset management	**Anlagenverwaltung**
▪ **assets** Could you provide me with a summary of all your assets?	**Kapitalanlagen, Vermögen** *sg.*, **Aktiva** Könnten Sie mir eine Aufstellung Ihrer gesamten Kapitalanlagen zukommen lassen?
bad investment We made a bad investment with those shares.	**Fehlinvestition** Mit den Aktien haben wir eine Fehlinvestition gemacht.
bearish	**Baisse ...**
bear market Economic forecasters say the bear market won't last long.	**Baissemarkt** Wirtschaftsprognostiker behaupten, dass der Baissemarkt nicht lange anhalten wird.

▪ **bid price** The bid price should be compared with the offer price.	**Rücknahmepreis, Rücknahmewert** Der Rücknahmewert sollte mit dem Angebotspreis verglichen werden.
blue chip "Smith and Brown" only deal in blue chips.	**erstklassiges Wertpapier, Spitzenpapier** „Smith and Brown" handelt nur mit Spitzenpapieren.
▪ **bond** Bonds are generally a long-term investment.	**Wertpapier, Anleihe** Anleihen sind im Allgemeinen eine langfristige Anlageform.
bond market More and more people are investing in the bond market.	**Anleihemarkt** Immer mehr Leute legen ihr Geld in Anleihen an.
bottom: the bottom has dropped out of the market	**der Markt hat einen Tiefstand erreicht**
brisk There was brisk trading on the New York Stock Exchange yesterday.	**lebhaft, rege** Es gab gestern an der New Yorker Börse regen Handel.
bullion The bank robbers stole over a million pounds worth of gold bullion.	**Edelmetallbarren** Die Bankräuber haben Goldbarren im Wert von über einer Million Pfund gestohlen.
bullish	**Hausse...**
bull market The bull market looks as if it will continue.	**Hausse** Die Hausse wird scheinbar anhalten.
bumper year	**Rekordjahr**
buoyant The stock market was very buoyant following the news.	**lebhaft, aktiv, belebt** Am Aktienmarkt ging es auf die Nachricht hin sehr lebhaft zu.
▪ **buyer's market** Experts say it's a buyer's market at the moment.	**Käufermarkt** Die Experten behaupten, es sei momentan ein Käufermarkt.

buying price	**Kaufpreis**
buy out	*Partner, Aktionär:* **auszahlen**
capital assets	**Anlagegüter, Anlagekapital** *sg.*
capital bonds	**Kapitalobligationen**
▪ **capital growth** You can expect a capital growth of at least 20% over two years.	**Kapitalzuwachs, Wertzuwachs** Sie können mit einem Wertzuwachs von mindestens 20% innerhalb von zwei Jahren rechnen.
capital investment Our capital investment has gone down this year.	**Kapitalanlage** Unsere Kapitalanlage ist in diesem Jahr im Wert gesunken.
cash in on sth.	**aus etw. Kapital schlagen**
▪ **closing price**	**Schlusskurs, Schlussnotierung**
collapse They say shares in the utilities sector could collapse.	*Preise, Aktienmarkt:* **stürzen** Es heißt, dass es einen Kurssturz bei Versorgeraktien geben könnte.
▪ **commission**	**Provision, Maklergebühr**
▪ **commodities** A sharp rise in commodity prices, notably grain and soya, has been recorded.	**Waren, Güter, Rohstoffe** Bei Rohstoffen, insbesondere Getreide und Soja, ist ein starker Preisanstieg zu verzeichnen.
common stock *Am.*	**Stammanteil, Stammaktien** *pl.*
▪ **currency speculation** Currency speculation is a risky business.	**Devisenspekulation** Devisenspekulation ist eine riskante Sache.
dealing floor Work on the dealing floor is quite stressful.	**(Börsen)Parkett** Die Arbeit auf dem Parkett ist ziemlich stressig.

debenture A debenture is a fixed-interest loan.	**Obligation, Schuldverschreibung** Eine Obligation ist festverzinsliches Fremdkapital.
debenture bond	**ungesicherte Anleihe**
distribute	**ausschütten, verteilen**
■ **dividend** You should invest in companies that pay high dividends.	**Dividende, Gewinnanteil** Sie sollten in Firmen investieren, die hohe Dividenden abwerfen.
■ **earn**	**einbringen**
earnings per share, EPS	**Gewinn je Aktie**
electronic trading	**elektronischer Börsenhandel**
■ **equities** Investment in equities is fairly high-risk.	**Aktien** Sein Geld in Aktien anzulegen ist relativ riskant.
equity (capital)	**Eigenkapital, Aktienkapital**
ethical investment Many people are opting for ethical investments.	**ethische Investition** Viele Leute entscheiden sich für ethische Investitionen.
ex dividend The share value is ex dividend.	**ex Dividende** Der Aktienwert ist ex Dividende.
■ **fixed assets**	**Sachanlagen, feste Anlagen**
float They're about to float their shares.	**in Umlauf bringen** Sie sind dabei, ihre Aktien in Umlauf zu bringen.
■ **flotation** There's talk of a stock market flotation of WBB.	**Aktienemission** Man spricht darüber, dass WBB Aktien emittieren wird.
■ **fluctuate** Share prices are fluctuating wildly at the moment.	**schwanken** Die Aktienkurse schwanken zurzeit wie verrückt.
frozen assets	**eingefrorene Guthaben/ Vermögenswerte**

▪ **futures** He lost most of his fortune in coffee futures.	**Termingeschäfte** Er verlor den Großteil seines Vermögens bei Kaffee-Termingeschäften.
futures market	**Terminmarkt**
gains I've hardly made any gains on the stock market so far.	**Gewinne** Bisher habe ich kaum Gewinne an der Börse erzielt.
gearing (ratio) *Br.* C&D has a very high gearing.	**Verhältnis von Fremd- zu Eigenkapital** Das Verhältnis von Fremd- zu Eigenkapital ist bei C&D sehr hoch.
▪ **gilts, gilt-edged securities**	**mündelsichere Wertpapiere**
▪ **government bond** Government bonds are a fairly safe investment.	**Staatsanleihe** Staatsanleihen sind eine ziemlich sichere Geldanlage.
▪ **growth** **– above-average growth** **– below-average growth** **– zero growth**	**Wachstum** **– überdurchschnittliches Wachstum** **– unterdurchschnittliches Wachstum** **– Nullwachstum**
hedge fund	**stark spekulierender Investmentfonds**
hedging	**(Kurs)Sicherungsgeschäfte** *pl.*
highly geared	**überkapitalisiert**
high-risk It's a high-risk investment fund.	**risikoreich** Es ist ein risikoreicher Investitionsfonds.
▪ **holding** How big is her holding in the company?	**Besitzanteil** Wie groß ist ihr Besitzanteil an der Gesellschaft?
holding company	**Holdinggesellschaft**
hot money	**Fluchtgeld**

idle money	**brachliegendes Geld, Spekulationskasse**
■ **income**	**Gewinn, Erträge**
■ **income bond**	**Gewinnobligation**
inertia selling	**Trägheitsverkäufe** *pl.*
insider dealing/trading They were all sacked for insider trading.	**Insidergeschäfte, Insiderhandel** Sie wurden alle wegen Insiderhandels gekündigt.
intangible assets	**immaterielles Vermögen** *sg.*
■ **invest** Have you considered investing in gilts?	**investieren, anlegen** Haben Sie darüber nachgedacht, in mündelsichere Wertpapiere zu investieren?
investment	**Investition, Anlage**
■ **investment income** What was your investment income for last year?	**Vermögenserträge** *pl.* Wie hoch waren Ihre Vermögenserträge im letzten Jahr?
investment portfolio	**Wertpapierbestand**
investment trust	**Investmentgesellschaft**
issue *s.* TTI are going to launch an issue on June 15.	**Ausgabe, Emission** TTI wird am 15. Juni eine Emission begeben.
■ **issue** *v.* 10 million new shares are to be issued.	**ausgeben, begeben** 10 Millionen neue Aktien werden ausgegeben.
issuing price	**Erstausgabepreis**
junk bond	**Junk Bond** *(hochverzinsliche, hochspekulative Schuldverschreibung)*
last trading day	**letzter Handelstag**
level of return That's quite an acceptable level of return on shares in that sector.	**Renditeniveau** Das ist ein ganz ordentliches Renditeniveau für Aktien in diesem Sektor.

▪ **listed (on the stock exchange)** Is it a listed company?	**börsennotiert, an der Börse notiert** Ist die Gesellschaft an der Börse notiert?
listed securities/shares	**börsennotierte Wertpapiere/Aktien**
▪ **list price**	**Börsenkurs**
Lombard rate	**Lombardsatz**
loan capital	**festverzinsliche Wertpapiere** *pl.*, **Fremdkapital**
▪ **loss** The company suffered high losses in the first half.	**Verlust** Die Firma hat im ersten Halbjahr hohe Verluste erlitten.
loss of earnings	**Ertragsausfall**
low-geared	**unterkapitalisiert**
low-risk	**risikoarm**
majority shareholding His daughters have the majority shareholding in the company.	**Mehrheitsbeteiligung** Seine Töchter haben die Mehrheitsbeteiligung an der Firma.
managed fund	**Investmentfonds**
▪ **market** The market is quiet after the public holiday.	**Börse** Die Börse ist nach dem gesetzlichen Feiertag ruhig.
▪ **mature** *v.* When do the bonds mature?	**fällig werden** Wann werden die Obligationen fällig?
maturity **– at maturity**	**Fälligkeit** **– bei Fälligkeit, zum Fälligkeitstermin**
mid price They always quote the mid price.	**Mittelkurs** Sie notieren immer den Mittelkurs.
money market	**Geldmarkt**
mutual fund	**Investmentfonds**
▪ **offer price**	**Angebotspreis**
offshore	**ausländisch, exterritorial**

offshore funds *pl.*	**Offshore-Fonds** *(Investmentfonds mit Sitz in einer Steueroase)*
opening of trade Shares soared at the opening of trade.	**Eröffnung des Handels** Die Aktien sind gleich bei Eröffnung des Handels sprunghaft gestiegen.
opening price	**Eröffnungskurs, Anfangskurs**
▪ **ordinary share**	**Stammaktie**
outperform Shares in the steel industry have outperformed all forecasts.	**übertreffen** Die Stahlaktien haben alle Prognosen übertroffen.
overcapitalized	**überkapitalisiert**
▪ **oversubscribed** The rail shares were oversubscribed by three to one.	**überzeichnet** Die Bahnaktien waren um das Dreifache überzeichnet.
par **– above par** **– at par** **– below par**	**Parikurs** **– über pari** **– zu pari, zum Nennwert** **– unter pari**
PEP (= personal equity plan) *Br.*	***steuerfreies Vermögensbildungsprogramm auf Aktienbasis***
▪ **perform** The R&S shares have been performing well.	**Leistung erbringen** Die R&S-Aktien haben in letzter Zeit gut abgeschnitten.
▪ **play the stock market**	**an der Börse spekulieren**
plough (*Am.* **plow**) **back** I ploughed back all my profits and then the stock market crashed.	**reinvestieren** Ich habe sämtliche Gewinne reinvestiert und dann gab es einen Börsencrash.
portfolio Is there any way I could improve my portfolio?	**Bestand an Wertpapieren, Portfolio** Könnte ich mein Portfolio irgendwie verbessern?

preference share *Br.*, **preferred stock** *Am.*	**Vorzugsaktie**
premium bond You can invest a maximum of £20,000 in premium bonds.	**Prämienanleihe** Man kann höchstens £ 20.000 in Prämienanleihen investieren.
▪ **price** Prices can go down as well as up.	**Kurs** Kurse können sowohl fallen als auch steigen.
price/earnings ratio, P/E ratio	**Kursgewinnverhältnis**
▪ **price-performance ratio**	**Preis-Leistungs-Verhältnis**
proceeds	**Erlös** *sg.*
▪ **profit** They sold the shares at a considerable profit.	**Gewinn** Sie machten beim Verkauf der Aktien einen beträchtlichen Gewinn.
profit-sharing	**Gewinnbeteiligung**
profit-taking	**Gewinnrealisierung**
pure profit	**Reingewinn, Reinertrag**
quotation	**Notierung**
▪ **quote** The shares are quoted on the stock exchange.	**notieren** Die Aktien sind an der Börse notiert.
quoted company	**börsennotierte Gesellschaft**
rake in profits *F*	**Gewinne einheimsen** *F*
▪ **rally** Tobacco shares rallied strongly on the news.	*Aktien, Währung:* **anziehen, sich erholen** Die Tabak-Aktien erholten sich auf die Nachricht hin stark.
rate of return	**Rendite**
receipts	**Einnahmen**
▪ **recover** The market is slowly recovering from the crash.	*Markt, Aktien:* **sich erholen** Der Markt erholt sich langsam vom Crash.
redeem	*Aktien:* **verkaufen**
redeemable share	**rückzahlbare Aktie**

▪ **report** "Fisher" have reported heavy losses in the second quarter.	**melden, berichten** „Fisher" hat im zweiten Quartal hohe Verluste vermeldet.
return We're expecting higher returns this year.	**Ertrag, Gewinn, Rendite** Wir erwarten für dieses Jahr eine höhere Rendite.
▪ **return on capital** (*od.* **investments**)	**Kapitalrendite, -ertrag**
▪ **risk** **– limited risk** **– residual risk**	**Risiko** **– begrenztes Risiko** **– Restrisiko**
risk capital	**Risikokapital**
run on the dollar There was a run on the dollar following the announcement of an interest rate rise.	**starke Dollarnachfrage** Die Nachfrage nach dem Dollar zog nach der Ankündigung einer bevorstehenden Zinserhöhung stark an.
scrip	**Interimsschein**
▪ **securities**	**Wertpapiere**
▪ **seller's market** It's a seller's market at the moment.	**Verkäufermarkt** Es ist zur Zeit ein Verkäufermarkt.
selling price	**Verkaufspreis**
▪ **share** How many shares did you get?	**Aktie** Wie viele Aktien haben Sie bekommen?
share buyback A $60 million share buyback has helped to stabilize PPG.	**Aktienrückkauf** Mit Hilfe eines Aktienrückkaufs in Höhe von 60 Millionen Dollar konnte der Kurs von PPG stabilisiert werden.
share capital	**Aktienkapital**
share certificate	**Aktienzertifikat**
share index	**Aktienindex**
share of the market	**Marktanteil**
share option	**Aktienoption**

▪ **share price** Shall I check the share price on the Internet?	**Aktienkurs** Soll ich den Aktienkurs im Internet nachprüfen?
share price index	**Aktienindex**
sharp drop/rise There's been a sharp drop in share prices.	**drastischer Rückgang/ Anstieg** Die Aktienkurse verzeichnen einen drastischen Rückgang.
sharp rally	**rapide Wiederbelebung**
short selling	**Baissegeschäft**
shortfall in earnings	**Gewinndefizit**
slump *s.* There's been a slump in the Asian stock market.	**Einbruch** Es hat einen Einbruch an der asiatischen Börse gegeben.
slump *v.*	*Preise, Markt:* **stürzen**
soar	*Preise, Markt:* **scharf ansteigen**
▪ **speculate** She's speculating on a rise in the sale of private jets.	**spekulieren** Sie spekuliert auf einen Anstieg im Verkauf von Privatjets.
speculative trading I haven't got the nerve for speculative trading.	**Spekulationshandel** Ich habe nicht den Nerv für Spekulationshandel.
▪ **spot market**	**Kassamarkt**
▪ **spot price**	**Kassakurs**
spread the risk They advised me to spread the risk more.	**das Risiko verteilen** Sie rieten mir, das Risiko besser zu verteilen.
stock	**Aktie**
stock exchange	**Aktienbörse**
stockholding	**Aktienbestand**
▪ **stock market** I made a lot of money on the stock market before the crash.	**Aktienbörse** Ich verdiente vor dem Crash eine Menge Geld an der Aktienbörse.
▪ **stocks and shares**	**Wertpapiere**
stock trading	**Aktienhandel**

▪ **suspend** Trading on the Tokyo Stock Exchange was suspended at midday.	**einstellen** Der Handel an der Börse von Tokio wurde mittags eingestellt.
▪ **take profits**	**Gewinne realisieren**
tangible assets	**Sachanlagen**
tie up All their capital is tied up.	**fest anlegen** Ihr gesamtes Kapital ist fest angelegt.
track record The company has a good track record.	**bisherige Leistung** Die Firma hat einiges vorzuweisen.
▪ **trading (on the stock market)**	**Verkehr, Handel (an der Börse)**
trading floor I'm too old to work on the trading floor.	**(Börsen)Parkett** Ich bin zu alt, um auf dem Börsenparkett zu arbeiten.
transaction	**Handel, Transaktion, Geschäft**
transfer	*Aktien:* **übertragen, umschreiben**
▪ **Treasury bond** *Am.*	**Schatzobligation**
▪ **trust fund**	**Treuhandfonds**
tumble BS shares tumbled 23% yesterday.	**(plötzlich) stürzen** Die BS-Aktien stürzten gestern um 23%.
▪ **turnover** Turnover has doubled over the last six years.	**Umsatz** Der Umsatz hat sich in den letzten sechs Jahren verdoppelt.
undercapitalized	**unterkapitalisiert**
▪ **underperform** Shares in the transport sector have underperformed in the first half-year.	**das Ziel nicht erreichen, hinter den Erwartungen zurückbleiben** Die Aktien im Transportsektor sind im ersten Halbjahr hinter den Erwartungen zurückgeblieben.

unissued capital	**nicht gezeichnetes Kapital**
▪ **unit trust** Unit trusts spread their investments widely.	**Investmentgesellschaft** Investmentgesellschaften streuen ihre Anlagen breit.
unlisted company	**nicht börsennotierte Gesellschaft**
unlisted security	**amtlich nicht notierter Wert**
unquoted shares	**nicht notierte Aktien**
USM, Unlisted Securities Market *Br.*	**geregelter Markt**
▪ **venture capital**	**Risikokapital**
volatile Internet shares are very volatile at the moment.	**schwankend** Internet-Aktien schwanken zurzeit stark.
yield *s.* You ought to get a good yield on those shares.	**Ertrag, Rendite** Diese Aktien müssten Ihnen eigentlich eine gute Rendite einbringen.
yield *v.*	**abwerfen, einbringen**

2.4 Berufe rund um die Börse

▪ **broker** There's a lot of money to be earned as a broker.	**Börsenhändler(in), Makler(in)** Als Börsenhändler kann man jede Menge Geld verdienen.
day trader	**Daytrader** *(Kurzzeitanleger, der an einem Tage Aktien mehrmals kauft und verkauft)*
▪ **dealer** Dealers panicked on the news.	**Händler(in)** Die Händler reagierten mit Panik auf die Nachricht.
▪ **floor trader**	**Parketthändler(in)**
fund manager They have a good reputation as fund managers.	**Vermögensverwalter(in)** Sie haben als Vermögensverwalter einen guten Ruf.

▪ **independent financial adviser** I'm disappointed with the performance of my independent financial adviser.	**unabhängige/r Finanzberater(in)** Ich bin von den Leistungen meines unabhängigen Finanzberaters enttäuscht.
investment banker	**Investitionsbanker(in)**
investment consultant Can you recommend a good investment consultant?	**Anlageberater(in)** Können Sie mir einen guten Anlageberater empfehlen?
investment manager	**Vermögensverwalter(in)**
▪ **investor** The number of private investors is on the increase.	**Investor(in)** Die Zahl der Privatinvestoren nimmt zu.
jobber	**Jobber, Wertpapierhändler(in)**
(Lloyd's) name	**„Lloyd's"-Mitglied, das Risiken mitzeichnet**
money broker As a money broker my income comes from commissions.	**Geldmakler(in)** Als Geldmakler verdiene ich mein Einkommen durch Provisionen.
portfolio manager	**Effektenverwalter(in), Portfolio-Manager(in)**
punter *F*	**Börsenspekulant(in)**
▪ **speculator** Stock market speculators were not very active today.	**Spekulant(in)** Die Börsenspekulanten waren heute nicht sehr aktiv.
stockbroker	**Börsenmakler(in)**
stockjobber	**Börsenhändler(in)**
▪ **trader** Peter Bales tried to reassure traders after the news.	**Wertpapierhändler(in)** Peter Bales versuchte, die Wertpapierhändler nach der Nachricht zu beruhigen.
▪ **trustee** The money is being looked after by trustees.	**Vermögensverwalter(in)** Das Geld wird treuhänderisch verwaltet.

2.5 Institutionen und Indexe

Amex (= American Stock Exchange)	*zweitgrößte amerikanische Wertpapierbörse mit Sitz in New York*
▪ **City: the City**	**die Londoner City** *(das Londoner Finanzzentrum)*
She's a stockbroker in the City.	Sie ist Börsenmaklerin in der Londoner City.
Dow Jones Industrial Average, DJIA	**Dow-Jones-Industrieaktienindex**
▪ **Financial Times Stock Exchange Index, FTSE 100 Share Index, FTSE, Footsie** *F*	**Aktienindex der „Financial Times"**
The Footsie was up 60 points at the close of trading.	Der „Footsie" war bei Börsenschluss um 60 Punkte gestiegen.
IMRO (= Investment Management Regulatory Organization) *Br.*	**Verband der Anlageberater mit Kontrollfunktion**
▪ **International Stock Exchange**	**Internationale Wertpapierbörse**
LIFFE, Liffe (= London International Futures and Options Exchange)	*ehemals:* **Londoner Internationale Finanzterminbörse**
Lombard Street	**Londoner Geldmarkt**
New York Stock Exchange	**New Yorker Wertpapierbörse**
Wall Street	**Wall Street** *(das New Yorker Finanzzentrum)*
He's been working on Wall Street for 30 years.	Er arbeitet seit 30 Jahren in der Wall Street.

2.6 Währung

▪ **back**	*Währung:* **stützen, decken**
The USA have said they will back the Peso.	Die USA hat erklärt, dass sie den Peso stützen wird.

basket of currencies	**(internationaler) Währungskorb**
▪ **bureau de change** All bureaux de change charge a commission.	**Wechselstube** Alle Wechselstuben verlangen eine Provision.
▪ **close** The dollar closed up two cents against the pound.	**schließen** Der Dollar schloss gegenüber dem Pfund um zwei Cent höher.
conversion rate The financial pages should give the main currency conversion rates.	**Umrechnungskurs** Die Wirtschaftsseiten müssten die Umrechnungskurse der Hauptwährungen aufführen.
▪ **currency** We accept all currencies.	**Währung** Wir nehmen jede Währung an.
currency reserves	**Währungsreserven**
▪ **depreciate**	**an Wert verlieren**
depreciation	**Entwertung**
devaluation	**Abwertung**
▪ **devalue** The dinar has been devalued again.	**abwerten** Der Dinar ist wieder abgewertet worden.
▪ **ERM, Exchange Rate Mechanism**	**Wechselkursmechanismus**
▪ **European Monetary Fund**	**Europäischer Währungsfonds**
▪ **exchange** You can exchange money at the bank or at a bureau de change.	**umtauschen, austauschen** Man kann Geld auf der Bank oder in einer Wechselstube umtauschen.
exchange rate, rate of exchange What's the exchange rate of the pound to the dollar?	**Wechselkurs, Umrechnungskurs** Wie steht das Pfund zum Dollar?

firm The dollar firmed against the pound.	**anziehen, sich festigen** Der Dollar hat gegenüber dem Pfund angezogen.
floating exchange rate The two governments have agreed on a floating exchange rate.	**flexibler Wechselkurs** Die beiden Regierungen haben sich auf einen flexiblen Wechselkurs geeinigt.
foreign exchange I don't deal in foreign exchange any more.	**Devisen** *pl.*, **Devisenhandel** Ich handle nicht mehr mit Devisen.
foreign exchange broker	**Devisenmakler**
foreign exchange market	**Devisenmarkt, Devisenbörse**
gain Sterling gained against the euro yesterday.	**im Wert steigen** Das Pfund stieg gestern gegenüber dem Euro an.
hard currency	**harte Währung**
key currency	**Leitwährung**
▪ **local currency**	**Landeswährung**
▪ **monetary union** Many people are still opposed to monetary union.	**Währungsunion** Viele Leute sind noch gegen die Währungsunion.
monetary unit	**Währungseinheit**
official (exchange) rate The official exchange rate is given in the left-hand column.	**amtlicher (Wechsel)Kurs** Der amtliche Wechselkurs ist in der linken Spalte angegeben.
overvalue I think the dollar is overvalued.	**überbewerten** Ich glaube, der Dollar ist überbewertet.
parity He thinks we will achieve parity between the currencies next year.	**Parität** Er glaubt, dass wir nächstes Jahr die Parität zwischen den Währungen erreichen werden.
pegged It's a pegged exchange rate.	**fixiert, gestützt, fest** Es ist ein fester Wechselkurs.
reserve currency	**Reservewährung**

revaluation	**Aufwertung**
▪ **revalue** The riyal is about to be revalued.	**aufwerten, neu bewerten** Der Riyal wird demnächst neu bewertet.
▪ **single currency** Most people are in favour of a single currency.	**Einheitswährung** Die meisten Leute sind für eine Einheitswährung.
soft currency	**weiche Währung**
strong currency	**starke Währung**
▪ **tourist rate**	**Wechselkurs für Touristen**
value The deutschmark lost a third of its value in 18 months.	**Wert** Die Mark verlor in 18 Monaten ein Drittel ihres Wertes.
weak	**schwach**

3 Unternehmen und Betrieb

3.1 Unternehmen

achieve We must be clear on the objectives we want to achieve.	**erzielen, erreichen** Wir müssen uns über die Ziele, die wir erreichen wollen, im Klaren sein.
active partner	**aktive(r) Gesellschafter(in), geschäftsführende(r) Partner(in)**
affiliated company	**Tochtergesellschaft, verbundenes Unternehmen**
aim What are your aims as the new Managing Director?	**Ziel** Was sind Ihre Ziele als neue Geschäftsführerin?
amalgamate The two carmakers are about to amalgamate.	**sich zusammenschließen, fusionieren** Die beiden Autohersteller werden sich demnächst zusammenschließen.
amalgamation	**Zusammenschluss, Fusion**
▪ **associate** He's a business associate of ours.	**Verbundpartner(in), Teilhaber(in)** Er ist einer unserer Teilhaber.
bogus firm	**Scheinfirma**
▪ **business** What kind of business is it?	**Unternehmen, Betrieb, Firma** Was für ein Unternehmen ist es?

▪ **business: do business with sb.** We do a lot of business with Spanish winegrowers.	**Geschäfte mit j-m machen** Wir machen viele Geschäfte mit spanischen Weinbauern.
business dealings Do you have any business dealings with China?	**Geschäftsbeziehungen** Haben Sie irgendwelche Geschäftsbeziehungen zu China?
business enterprise	**Wirtschaftsunternehmen**
business ethics Their business ethics seem a bit dubious.	**Geschäftsethik** *sg.* Ihre Geschäftsethik scheint etwas zweifelhaft zu sein.
▪ **businessman** He was born a businessman.	**Geschäftsmann, Unternehmer** Er ist der geborene Geschäftsmann.
business management I studied business management at Cambridge.	**Betriebsführung, Betriebswirtschaft(slehre)** Ich habe in Cambridge Betriebswirtschaftslehre studiert.
business opportunity	**Geschäftschance**
▪ **businesswoman** The number of businesswomen is on the increase.	**Geschäftsfrau, Unternehmerin** Die Zahl der Unternehmerinnen nimmt zu.
captain of industry	**Industrieführer(in),** *F* **Wirtschaftskapitän**
▪ **client**	**Kunde/Kundin, Auftraggeber(in)**
▪ **company** Which company do you work for?	**Firma, Gesellschaft** Für welche Firma arbeiten Sie?
company logo	**Firmenlogo, Firmenzeichen**
company philosophy	**Unternehmensphilosophie**
company policy	**Geschäftspolitik**

	consolidate Our aim is to consolidate our position as market leader.	**konsolidieren** Unser Ziel ist es, unsere Position als Marktführer zu festigen.
▪	**contractor** We use outside contractors for that kind of work.	**Auftragnehmer(in), Lieferfirma** Wir geben diese Art von Arbeit an externe Lieferanten weiter.
▪	**corporate** What is their corporate policy these days?	**gesellschaftlich, Firmen ..., Unternehmens ..., Geschäfts ...** Was haben sie momentan für eine Geschäftspolitik?
▪	**deal** The companies have finally reached a deal.	**(Geschäfts)Abschluss** Die Firmen haben das Geschäft endlich abgeschlossen.
	diversification The only means of survival was by diversifying.	**Diversifizierung** Die einzige Überlebensmöglichkeit war zu diversifizieren.
▪	**diversify**	**diversifizieren**
▪	**enterprise** It's a flourishing enterprise.	**(Wirtschafts)Unternehmen** Es ist ein florierendes Unternehmen.
▪	**entrepreneur**	**Unternehmer(in), Geschäftsmann/Geschäftsfrau**
	entrepreneurial She's got great entrepreneurial talent.	**unternehmerisch** Sie hat großes unternehmerisches Talent.
	feasibility study	**Durchführbarkeitsuntersuchung**
	float The company was floated last month.	**gründen, in Umlauf setzen** Die Firma wurde letzten Monat gegründet.
	general partner	**persönlich haftender Gesellschafter, Komplementär**

goal We must define our goals clearly.	**Ziel** Wir müssen unsere Ziele klar definieren.
going concern After initial problems, it's now a going concern.	**aktiver Betrieb, erfolgreiches Unternehmen** Nach anfänglichen Problemen ist es jetzt ein erfolgreiches Unternehmen.
goodwill	**Firmenwert, Goodwill**
group It's a multinational group manufacturing circuit boards.	**Unternehmensgruppe, Konzern** Es ist ein internationaler Konzern, der Platinen herstellt.
▪ **head office, headquarters** *(sg. od. pl.)*, **HQ** The company headquarters is in Seoul.	**Hauptsitz, Stammhaus, Zentrale** Der Hauptsitz der Firma ist in Seoul.
holding company	**Holdinggesellschaft, Muttergesellschaft**
Inc. (= Incorporated) *Am.* He calls his company "Pen to Paper Inc.".	**GmbH, AG** Er nennt seine Firma „Pen to Paper Inc.".
▪ **in-house** In-house rivalry can be quite healthy.	**intern, Innen ...** Interne Konkurrenz kann ganz gesund sein.
joint ownership	**Miteigentum**
joint-stock company	**1.** *Br.* **Aktiengesellschaft** **2.** *Am.* **offene Handelsgesellschaft auf Aktien**
▪ **limited company**	**Gesellschaft mit beschränkter Haftung, GmbH**
location The company is in a strategic location for dealings with the Middle East.	**Standort** Die Firma befindet sich an einem strategisch günstigen Standort für Geschäfte mit dem Mittleren Osten.

■	**management consultancy**	**Unternehmensberatungsfirma**
	medium-sized business/ enterprise	**mittelständischer Betrieb**
■	**merge**	**fusionieren**
■	**merger** Dr Davis wouldn't comment on any merger plans on the company's part.	**Fusion** Dr. Davis wollte sich zu etwaigen Fusionsabsichten seitens der Firma nicht äußern.
	merger mania The sector seems to be gripped by merger mania.	**Fusionsfieber** Der Sektor scheint von Fusionsfieber gepackt zu sein.
■	**mergers and acquisitions**	**Fusionen und Übernahmen**
■	**mismanagement** He was sacked for gross mismanagement.	**Misswirtschaft, schlechte Betriebsführung** Er wurde wegen schlechter Geschäftsführung gekündigt.
	mission statement	**Firmenphilosophie, (interne) Ziele des Unternehmens,** *mittlerweile auch eingedeutscht:* **Mission Statement**
	not-for-profit It's a not-for-profit organization.	**gemeinnützig** Es ist eine gemeinnützige Organisation.
■	**objective** I'm pleased to announce that we have achieved our objectives.	**Ziel(vorstellung)** Es freut mich, Ihnen mitteilen zu können, dass wir unsere Zielvorstellungen erreicht haben.
	own	**besitzen**
	owner She's the owner of a chain of pubs.	**Inhaber(in), Eigentümer(in)** Sie ist Eigentümerin einer Kette von Gastwirtschaften.
	owner-manager	**Eigentümer(in), Unternehmer(in), Leiter(in) im eigenen Betrieb**

▪ **ownership** The restaurant is under new ownership.	**Eigentum, Besitz, Inhaberschaft** Das Restaurant hat einen neuen Besitzer.
▪ **parent company** The parent company is based in Amsterdam.	**Muttergesellschaft, Dachgesellschaft** Die Muttergesellschaft hat ihren Sitz in Amsterdam.
policy decision It was a policy decision from above.	**Grundsatzentscheidung** Es war eine Grundsatzentscheidung von oben.
public: go public	**in eine Aktiengesellschaft umgewandelt werden, an die Börse gehen**
▪ **public limited company, plc, PLC**	**Aktiengesellschaft, AG**
raid a company	**gezielt Aktien eines Unternehmens aufkaufen** *(bei einer feindlichen Übernahme)*
▪ **run a business** It's not easy running a business on your own.	**ein Geschäft betreiben** Es ist nicht einfach, allein ein Geschäft zu betreiben.
▪ **sell up** They sold up their business and moved to Sardinia.	*Betrieb usw.:* **verkaufen** Sie haben ihr Geschäft verkauft und sind nach Sardinien gezogen.
shake up They've brought in a new MD to shake up the company.	**umorganisieren, auf Zack bringen** *F* Sie haben einen neuen Geschäftsführer eingestellt, um die Firma wieder auf Zack zu bringen.
share: have a share in a business All his family have a share in the business.	**einen Geschäftsanteil an einem Unternehmen besitzen** Seine ganze Familie hat einen Geschäftsanteil an dem Unternehmen.

▪ **sister company**	**Schwestergesellschaft, verbundenes Unternehmen**
sleeping partner, silent partner	**stille(r) Teilhaber(in)**
small and medium-sized enterprises, SME Small and medium-sized enterprises are the backbone of the economy.	**kleine und mittelständische Unternehmen, mittelständische Betriebe** Die mittelständischen Betriebe bilden das Rückgrat der Wirtschaft.
small business	**Kleinbetrieb**
stake What kind of stake does she have in the business?	**Anteil, Beteiligung** Was für einen Anteil hat sie am Unternehmen?
▪ **start-up capital**	**Startkapital, Anfangskapital**
start-up company New tax concessions are being introduced for start-up companies.	**neu gegründete Firma, Neugründung** Es werden neue Steuererleichterungen für Neugründungen eingeführt.
▪ **subsidiary (company)** They have two subsidiaries: one in Belgium and the other in Poland.	**Tochtergesellschaft** Sie haben zwei Tochtergesellschaften: eine in Belgien und die andere in Polen.
▪ **target** The company fell short of target this year.	**Ziel** Die Firma hat dieses Jahr ihr Ziel verfehlt.
trade association Do you belong to any kind of trade association?	**Berufsvereinigung, Wirtschaftsverband** Gehören Sie zu irgendeiner Berufsvereinigung?

3.2 Firmenstruktur

acting He's the acting manager while Mrs Dewey is off sick.	**stellvertretend** Er ist der stellvertretende Manager, solange Frau Dewey krankgeschrieben ist.

▪ **administration, admin** *F* She works in admin.	**Verwaltung** Sie arbeitet in der Verwaltung.
administrator	**Verwalter(in)**
advisor We've employed an advisor to help us with our corporate identity.	**Berater(in)** Wir haben einen Berater eingestellt, der uns bei Corporate-Identity-Fragen helfen soll.
▪ **advisory board** She's a member of the advisory board.	**Aufsichtsrat** Sie ist Aufsichtsratsmitglied.
advisory function	**beratende Funktion**
▪ **appointment** His appointment as Chairman of the Board was announced yesterday.	**Einstellung, Ernennung** Seine Ernennung zum Vorstandsvorsitzenden wurde gestern bekannt gegeben.
archive We keep an extensive archive on the company history.	**Archiv** Wir führen ein umfangreiches Archiv über die Firmengeschichte.
▪ **area manager** Jane has just been appointed area manager.	**Bezirksleiter(in)** Jane ist gerade zur Bezirksleiterin ernannt worden.
area of responsibility	**Verantwortungsbereich**
▪ **assistant** I'm assistant to the head of personnel.	**Assistent(in), Hilfskraft** Ich bin Assistentin des Personalchefs.
assistant manager	**stellvertretende(r) Direktor(in)/Leiter(in)**
audio typist He's an audio typist.	**Phonotypist(in)** Er ist Phonotypist.
blue-collar worker The expression "blue-collar worker" comes from the blue overalls which many workers wear.	**Arbeiter** Der Ausdruck „blue-collar worker" stammt vom blauen Arbeitsanzug, den viele Arbeiter tragen.

▪ **board of directors** She has to give a presentation before the board of directors.	**(Firmen)Vorstand** Sie muss vor dem Vorstand präsentieren.
board of management There's going to be a board of management reshuffle.	**Vorstand** Es wird eine Umstrukturierung des Vorstands geben.
boardroom He has set his sights on the boardroom.	**Vorstandsetage, Führungsetage** Er hat es auf die Führungsetage abgesehen.
▪ **boss** *F* Our boss is younger than most of the department.	**Chef(in)** Unser Chef ist jünger als die meisten in der Abteilung.
▪ **branch** I work for the Swindon branch.	**Zweigstelle, Filiale** Ich arbeite für die Filiale in Swindon.
branch manager I've been promoted to branch manager.	**Filialleiter(in)** Ich bin zur Filialleiterin befördert worden.
▪ **chairman of the board (of management)**	**Vorstandsvorsitzende(r)**
chairman of the supervisory board	**Aufsichtsratsvorsitzende(r)**
▪ **charge: be in charge of**	**zuständig sein für, leiten**
chief executive	**oberste Führungskraft**
▪ **chief executive officer, CEO** *bsd. Am.* He's been made the new CEO of "RMD South Africa".	**Vorstandsvorsitzende(r) Hauptgeschäftsführer(in), Generaldirektor(in)** Er ist zum Vorstandsvorsitzenden Hauptgeschäftsführer von „RMD South Africa" ernannt worden.
chief financial officer, CFO	**Leiter(in) der Finanzabteilung**
clerical I'm looking for some sort of clerical work.	**Büro ...** Ich suche irgendeine Büroarbeit.

	clerical staff *sg. od. pl.* We're short of clerical staff at the moment.	**Büropersonal, -angestellte** Wir leiden zurzeit unter Büropersonalmangel.
	clerk He enjoys his new job as an office clerk.	**Büroangestellte(r), Sachbearbeiter(in)** Seine neue Arbeit als Büroangestellter gefällt ihm.
▪	**colleague** I get on with most of my colleagues.	**Kollege, Kollegin, Mitarbeiter(in)** Ich verstehe mich mit den meisten meiner Kollegen.
▪	**committee** **– committee member**	**Ausschuss, Komitee** **– Ausschussmitglied**
▪	**company director**	**Direktor(in), Firmenchef(in)**
	company secretary The company secretary is appointed by the directors of a company.	*etwa:* **Prokurist(in)** Der „Company-Secretary" wird von den Vorstandsmitgliedern einer Firma ernannt.
▪	**consultant** She's an IT consultant.	**Berater(in)** Sie ist EDV-Beraterin.
	copy typist	**Schreibkraft**
▪	**customer services (department)** I'll put you through to customer services.	**Kundendienst** Ich verbinde Sie mit dem Kundendienst.
	delegate He isn't very good at delegating.	**delegieren** Er ist im Delegieren nicht sehr gut.
▪	**department** Which department do you work for?	**Abteilung** In welcher Abteilung arbeiten Sie?
	departmental He's our new departmental head.	**Abteilungs...** Er ist unser neuer Abteilungsleiter.
	department manager, department head	**Abteilungsleiter(in)**

deputy *adj.* May I introduce Laura Shields, our deputy manager?	**stellvertretend** Darf ich Laura Shields, unsere stellvertretende Direktorin, vorstellen?
deputy *s.*	**Stellvertreter(in)**
director	**1. Geschäftsführer(in), Leiter(in), Direktor(in)** **2. Vorstandsmitglied**
distribution manager	**Vertriebsleiter(in)**
▪ **division** The division is now known by its abbreviation AM.	**Unternehmensbereich, Sparte** Der Bereich hat jetzt die Abkürzung AM erhalten.
dogsbody I'm fed up with being the office dogsbody.	**Handlanger, Mädchen für alles** Ich habe es satt, im Büro Mädchen für alles zu sein.
▪ **employee** An employee is employed by an employer.	**Angestellte(r)** Ein Angestellter wird von einem Arbeitgeber eingestellt.
employer	**Arbeitgeber(in)**
▪ **executive** They're all high-flying executives.	**Führungskraft, leitende(r) Angestellte(r), Manager(in)** Es sind alles ambitionierte Führungskräfte.
executive board He's been made a member of the executive board.	**Vorstand** Er ist zum Vorstandsmitglied ernannt worden.
executive director	**geschäftsführende(r) Direktor(in)**
export manager	**Exportmanager(in), Exportleiter(in)**
finance director	**Finanzdirektor(in), Leiter der Finanzabteilung**
financial controller	**Controller(in)**
▪ **foreman**	**Vorarbeiter**
forewoman	**Vorarbeiterin**

▪ **freelance(r)** *s.*	**Freiberufler(in), freie(r) Mitarbeiter(in)**
freelance *v.* I freelance for publishing companies.	**freiberuflich arbeiten** Ich arbeite freiberuflich für Verlage.
freelance *adj.* I'm a freelance journalist.	**freiberuflich** Ich bin freiberuflicher Journalist.
general manager	**Generaldirektor(in)**
gopher *F bsd. Am.* I'm just the office gopher.	**Laufbursche** Ich bin bloß der Laufbursche fürs Büro.
▪ **graphic designer** She works as a graphic designer for a magazine publisher.	**Grafiker(in)** Sie arbeitet als Grafikerin bei einem Zeitschriftenverlag.
▪ **head of department**	**Abteilungsleiter(in)**
▪ **head office** The company's new head office was designed by a leading architect.	**Zentrale** Die neue Firmenzentrale wurde von einem renommierten Architekten entworfen.
▪ **homeworker** Not everyone would be happy as a homeworker.	**Heimarbeiter(in)** Nicht jeder wäre als Heimarbeiter glücklich.
homeworking	**Heimarbeit**
honorary chairman	**Ehrenvorsitzende(r)**
interdepartmental It's an interdepartmental project.	**abteilungsübergreifend** Es ist ein abteilungsübergreifendes Projekt.
IT department	**EDV-Abteilung**
joint manager	**Mitdirektor(in)**
▪ **junior management** There's a lot of talent among the junior management.	**Führungsnachwuchs** Im Führungsnachwuchs steckt eine Menge Talent.
keyboarder	**Texterfasser(in)**
▪ **labourer,** *Am.* **laborer** The labourers are on short-term contracts.	**Hilfsarbeiter(in)** Die Hilfsarbeiter haben kurze Zeitverträge.

lawyer	**Rechtsanwalt, Rechtsanwältin**
leadership Under the leadership of Pete McGann the company became a household name.	**Leitung, Führung** Unter der Leitung von Pete McGann wurde die Firma zu einem Begriff.
leadership position	**Führungsposition**
▪ **liaison officer** He's the company's new liaison officer.	**Verbindungsmann, Verbindungsfrau, V-Mann, Firmensprecher(in)** Er ist der neue Firmensprecher.
line manager	**leitende(r) Angestellte(r)**
line of command It's a rather old-fashioned line of command.	**Leitungsstruktur, Führungshierarchie** Es ist eine etwas veraltete Führungshierarchie.
▪ **management** The new management intends to shake the company up a bit.	**(Unternehmens)Leitung, Management** Das neue Management will die Firma ziemlich umorganisieren.
manager	**Leiter(in), Manager(in), Direktor(in)**
managerial staff	**Führungskräfte** *pl.*
▪ **managing director, MD**	**Geschäftsführer(in), Vorsitzende(r), geschäftsführende(r) Direktor(in)**
▪ **member of the board, board member** There are five members of the board.	**Vorstandsmitglied** Es gibt fünf Vorstandsmitglieder.
▪ **middle management**	**mittlere Führungsebene, mittleres Management**
mismanagement Two executives were fired for mismanagement.	**Misswirtschaft** Zwei Führungskräfte wurden wegen Misswirtschaft entlassen.

non-executive director	*etwa:* **Aufsichtsratsmitglied, Direktor ohne Geschäftsbereich**
office manager	**Büroleiter(in)**
■ **office staff** *sg. od. pl.* The office staff get on well together.	**Büropersonal** Das Büropersonal versteht sich untereinander gut.
office worker I've been an office worker for 15 years and I want a change.	**Bürokraft, Büroangestellte(r)** Ich bin seit 15 Jahren Büroangestellte und möchte jetzt etwas anderes machen.
■ **operator** Ask the operator.	**Vermittlung** Fragen Sie bei der Vermittlung nach.
opposite number	**Gegenspieler(in), Pendant**
parent company The head office of the parent company is in Kuala Lumpur.	**Muttergesellschaft** Die Firmenzentrale der Muttergesellschaft ist in Kuala Lumpur.
■ **personal assistant, PA** She's PA to the managing director.	**Chefsekretär(in)** Sie ist Chefsekretärin beim geschäftsführenden Direktor.
president The president heads the corporation.	**Präsident(in)** Der Präsident leitet die Firma.
■ **production manager**	**Produktionsleiter(in)**
■ **project manager** I've been made project manager.	**Projektleiter(in)** Ich bin zum Projektleiter ernannt worden.
promotion ladder Well, she seems to have made it onto the promotion ladder.	**Karriereleiter** Sieht ganz so aus, als würde sie die Karriereleiter erklimmen.
■ **reception** When you arrive, ask the way at reception.	**Empfang(sbereich), Rezeption** Wenn Sie ankommen, fragen Sie beim Empfang nach dem Weg.

receptionist	**Empfangssekretär(in)**
records department	**Archiv**
■ **representative** I'm a representative of "Cline Beeches".	**Repräsentant(in), Beauftragte(r)** Ich bin Beauftragte von „Cline Beeches".
restructuring The firm has undergone intensive restructuring.	**Umstrukturierung** Die Firma ist einer intensiven Umstrukturierung unterzogen worden.
safety officer	**Sicherheitsbeauftragte(r)**
salaried employee	**Angestellte(r), Gehaltsempfänger(in)**
■ **sales** He's moved to sales.	**Verkauf(sabteilung)** Er ist in die Verkaufsabteilung versetzt worden.
■ **sales manager**	**Verkaufsleiter(in), Vertriebsleiter(in)**
secretary	**Sekretär(in)**
security guard I had to show my ID to the security guard.	**Wache, Wächter(in)** Ich musste der Wache meinen Ausweis zeigen.
senior executive	**leitende(r) Angestellte(r)**
■ **senior management** She's been promoted to senior management.	**Führungskräfte** *pl.*, **Führungsebene** Sie ist in die Führungsebene befördert worden.
service department I'd like to speak to the service department, please.	**Kundendienst(abteilung)** Ich möchte bitte mit dem Kundendienst sprechen.
shipping department	**Versandabteilung**
shorthand typist	**Stenotypist(in)**
■ **staff** *sg. od. pl.* We have a staff of 450.	**Personal, Belegschaft, Mitarbeiter** Wir haben 450 Mitarbeiter.

streamline The whole company is going to be streamlined.	**rationalisieren, straffen** In der gesamten Firma werden Rationalisierungsmaßnahmen durchgeführt.
subordinate	**Untergebene(r)**
subsidiary (company) They've established a new subsidiary in Toronto.	**Tochtergesellschaft** Sie haben in Toronto eine neue Tochtergesellschaft gegründet.
superior My superior is ten years younger than me.	**Vorgesetzte(r)** Mein Vorgesetzter ist zehn Jahre jünger als ich.
supervisory board	**Aufsichtsrat**
switchboard Switchboard should have the number.	**Vermittlung, Zentrale** Die Vermittlung müsste die Nummer haben.
switchboard operator	**Telefonist(in)**
team leader	**Gruppenleiter(in)**
teamwork(ing) Teamwork is very important in this firm.	**Teamarbeit** Teamarbeit ist in dieser Firma sehr wichtig.
▪ **teleworker**	**Telearbeiter(in)**
temporary staff Temporary staff are allowed to eat in the canteen as well.	**Aushilfskräfte** *pl.* Aushilfskräfte dürfen auch in der Kantine essen.
top executive	**oberste Führungskraft**
▪ **troubleshooter** We have a troubleshooter who sorts out problems of that kind.	**Krisenmanager(in)** Wir haben einen Krisenmanager, der Probleme dieser Art löst.
▪ **typist**	**Typist(in), Schreibkraft, „Tippse"**
vice chairman	**stellvertretende(r) Vorsitzende(r)**
vice president	**stellvertretende(r) Vorstandsvorsitzende(r)**

white-collar worker White-collar workers are those who work in an office rather than a factory.	**Angestellte(r)** „White-collar workers" sind diejenigen, die im Büro und nicht in einer Fabrik arbeiten.
whiz(z) kid *F*	**Senkrechtstarter** *F*
worker	**Arbeiter(in)**
workmate *F* She's a workmate of mine.	**Arbeitskollege, Arbeitskollegin** Sie ist eine meiner Arbeitskolleginnen.

3.3 Aufträge

▪ **bid for** They didn't even bid for the building project.	**sich bewerben für** Sie haben sich gar nicht für das Bauprojekt beworben.
▪ **contract** We got the contract!	**Auftrag** Wir haben den Auftrag bekommen!
▪ **put out for tender** They put the new airport out for tender before they had a site for it.	**ausschreiben, eine Ausschreibung machen** Sie haben eine Ausschreibung für den neuen Flughafen gemacht, bevor sie einen Standort dafür hatten.
quotation Could you submit a quotation by June 5th?	**Angebot** Könnten Sie uns bis 5. Juni ein Angebot unterbreiten?
▪ **quote** *s.* I can give you a quote straightaway.	**Angebot** Ich kann Ihnen sofort ein Angebot machen.
quote *v.* What sort of line rates are you quoting these days?	**nennen, berechnen** Was berechnest du zurzeit für Zeilensätze?
sealed tender	**versiegeltes Angebot**
tender	**Angebot**

tender for 78 companies tendered for the job.	**sich bewerben um** 78 Firmen bewarben sich um den Auftrag.

3.4 Produktion

annual output Our annual output isn't meeting demand at the moment.	**Jahresproduktion** Momentan ist die Nachfrage größer als unsere Jahres-produktion.
▪ **article** All articles are closely checked before leaving the factory.	**Ware, Artikel** Alle Waren werden genau kontrolliert, bevor sie das Werk verlassen.
built-in obsolescence	**geplanter Verschleiß**
▪ **close down** Two of the plants had to be closed down.	**schließen, zumachen** *F* Zwei der Werke mussten zumachen.
closure	**Schließung, Stilllegung**
▪ **component** The components are assembled in our Cairo factory.	**Bauteil** Die Bauteile werden in unse-rer Kairoer Fabrik montiert.
consumer durables	**langlebige Gebrauchsgüter**
convenience goods	**Waren des täglichen Bedarfs**
customize, custom-build	**maßschneidern, den Kundenwünschen anpassen**
design *s.* This is one of the designs for the new motorcycle.	**Entwurf, Modell** Dies ist einer der Entwürfe für das neue Motorrad.
design *v.*	**entwerfen**
▪ **development** We're trying to reduce the development time for new TV sets.	**Entwicklung** Wir versuchen, die Entwick-lungszeit für neue Fernseher zu verkürzen.
discontinue That model has been discontinued.	**einstellen** Dieses Modell ist eingestellt worden.

economies of scale	*Größenvorteile, Degressionseffekte bei den Kosten durch die optimale Betriebsgröße, Einsparung durch optimale Auslastung der Kapazitäten*
excess capacity	**Überkapazität**
ex works The price quoted is ex works.	**ab Fabrik, ab Werk** Der angegebene Preis gilt ab Werk.
▪ **faulty** These goods have been returned as faulty.	**fehlerhaft** Diese Waren sind als fehlerhaft zurückgekommen.
finished product	**Fertigprodukt, Endprodukt**
▪ **heavy industry**	**Schwerindustrie**
International Standards Organization, ISO	**Internationale Organisation für Normung, ISO**
kite mark *s.* All products that pass the quality test will be given a kite mark.	**Gütezeichen** Alle Produkte, die die Qualitätsprüfung bestehen, bekommen ein Gütezeichen.
kitemark *v.*	**mit einem Gütezeichen versehen**
labour-intensive, *Am.* **labor-intensive**	**arbeitsintensiv**
large-scale industry	**Großindustrie**
▪ **leading-edge** They produce leading-edge equipment for TV studios.	**Hightech..., Spitzen...** Sie stellen Hightechgeräte für Fernsehstudios her.
lead time The lead time for new models has been shortened by several months.	**Vorlaufzeit, Einführungszeit** Die Einführungszeit für neue Modelle ist um mehrere Monate gekürzt worden.
lean production	**schlanke Produktion**
life cycle The anticipated life cycle of this product is five years.	**Lebenszyklus** Der erwartete Lebenszyklus dieses Produkts beträgt fünf Jahre.
light engineering	**Feinmechanik**

light industry	**Leichtindustrie**
▪ **line manager** She has just been promoted to line manager.	**Produktionsleiter(in)** Sie ist gerade zur Produktionsleiterin befördert worden.
▪ **lorry** Most of the goods are transported by lorry.	**LKW, Lastwagen** Die meisten Waren werden per LKW transportiert.
low-cost	**kostengünstig, billig**
low-wage country More and more companies are building production plants in low-wage countries.	**Billiglohnland** Immer mehr Firmen bauen Produktionsstätten in Billiglohnländern.
▪ **manufacture** We have been manufacturing silver cutlery for 150 years.	**herstellen** Wir stellen seit 150 Jahren Silberbesteck her.
manufacturer	**Hersteller, Erzeuger, Produzent**
manufacturing	**Herstellung, Verarbeitung**
▪ **manufacturing industry**	**Fertigungsindustrie**
mass-produced **– mass-produced articles**	**serienmäßig hergestellt** **– Massenartikel**
▪ **means of transport**	**Transportmittel**
mock-up We first carry out the modifications on a life-size mock-up.	**Modell** Wir führen die Änderungen zunächst an einem lebensgroßen Modell aus.
operating costs Automation has cut operating costs.	**Betriebskosten** Die Betriebskosten wurden durch die Automatisierung gesenkt.
operational The plant is fully operational.	**1. einsatz-, betriebsbereit, einsatz-, betriebsfähig** **2. in Betrieb** Die Anlage ist voll betriebsfähig.
▪ **output** What is your annual output?	**Produktion(smenge)** Wie hoch ist Ihre Jahresproduktion?

	overcapacity	**Überkapazität**
	perishables	**leicht verderbliche Waren**
	plant closure	**Betriebsstilllegung**
▪	**plant manager**	**Betriebsleiter(in)**
	process *s.* The entire process is computer-controlled.	**Verfahren, Vorgang, Arbeitsablauf** Der ganze Vorgang ist computergesteuert.
▪	**process** *v.* The raw materials are processed in several stages.	**verarbeiten** Die Rohmaterialien werden in mehreren Phasen verarbeitet.
	processing industry	**weiterverarbeitende Industrie**
▪	**produce** The island mainly produces sugar and rum.	**herstellen, erzeugen** Die Insel erzeugt hauptsächlich Zucker und Rum.
▪	**product** All products that leave the factory are subjected to strict quality controls.	**Produkt, Ware, Artikel** Alle Waren, die die Fabrik verlassen, werden einer strengen Qualitätskontrolle unterzogen.
	production Production has slowed down over the last three months.	**Herstellung, Produktion, Fertigung** Die Produktion hat sich während der letzten drei Monate verlangsamt.
	production costs	**Herstellungskosten**
	production engineering	**Fertigungstechnik**
	production target We have exceeded this year's production target.	**Produktionsziel** Wir haben das diesjährige Produktionsziel überschritten.
	productive It's a highly productive plant.	**produktiv, ertragreich** Es ist eine hochproduktive Anlage.
	product manager	**Produktleiter(in), Produktmanager(in)**

quality assurance Quality assurance is a very important aspect of the company's success.	**Qualitätssicherung** Qualitätssicherung ist ein sehr wichtiger Aspekt für den Erfolg der Firma.
▪ **quality control** Mrs Sharp is in charge of quality control.	**Qualitätskontrolle** Frau Sharp leitet die Qualitätskontrolle.
quality controller	**Qualitätskontrolleur(in)**
quality standard Quality standards have to be strictly adhered to.	**Qualitätsnorm** Die Qualitätsnormen müssen streng eingehalten werden.
▪ **R&D, research and development** "Amita" have opened a new R&D centre in Bristol.	**F&E, Forschung und Entwicklung** „Amita" hat in Bristol ein neues Forschungs- und Entwicklungszentrum eröffnet.
rail transport	**Bahntransport**
▪ **raw material** Most of our raw materials are imported.	**Rohstoff, Rohmaterial** Der Großteil unseres Rohmaterials wird eingeführt.
running costs Are there any suggestions for reducing running costs?	**Betriebskosten, laufende Kosten** Gibt es irgendwelche Vorschläge zur Reduzierung der Betriebskosten?
▪ **safety standards** Safety standards are getting stricter every year.	**Sicherheitsbestimmungen** Die Sicherheitsbestimmungen werden mit jedem Jahr strenger.
▪ **science park**	**Technologiepark**
▪ **shift** The Canadian plant has just introduced double shifts.	**Schicht** Das kanadische Werk hat gerade Doppelschichten eingeführt.
shiftwork	**Schichtarbeit**

▪ **shut down** This is the fifth plant to be shut down this year.	**stilllegen** Das ist die fünfte Anlage, die in diesem Jahr stillgelegt worden ist.
shutdown	**Stilllegung**
specifications The specifications list is at the front of the manual.	**technische Daten/Angaben** Die technischen Daten sind vorne im Handbuch.
spin-off There have been many commercial spin-offs from space travel.	**Nebenprodukt** Die Raumfahrt hat viele kommerzielle Nebenprodukte mit sich gebracht.
▪ **state-of-the-art** This laser printer is state-of-the-art.	**auf dem neuesten Stand der Technik, hochmodern** Dieser Laserdrucker ist auf dem neuesten Stand der Technik.
stream: come on stream The new reactor came on stream last month.	**in Betrieb gehen** Der neue Reaktor ging letzte Woche in Betrieb.
substandard	**minderwertig**
surplus	**Überschuss**
target This is the target we want to reach.	**Ziel** Das ist das Ziel, das wir erreichen wollen.
▪ **technology** Production technology is advancing all the time.	**Technik, Technologie** Die Produktionstechnik schreitet ununterbrochen voran.
▪ **truck** *bsd. Am.*	**LKW, Lastwagen**
turnround time *Br.*, **turnaround time** *Am.* We've got to reduce the turnround time in order to remain competitive.	**Umschlagzeit** Wir müssen die Umschlagzeit verringern, um konkurrenzfähig zu bleiben.
unit Around 2,000 units leave the factory every day.	**Stück** Täglich verlassen die Fabrik etwa 2.000 Stück.

unit cost	**Stückkosten** *pl.*, **Kosten** *pl.* **pro Einheit**
▪ **warehouse**	**(Waren)Lager**
wear and tear You've got to allow for wear and tear of the machinery.	**Verschleiß, Abnutzung** Man muss die Abnutzung der Anlagen einkalkulieren.
white goods	**Haushaltsgeräte, weiße Ware** *sg.*
▪ **works** The ironworks is going to be closed down this summer.	**Werk, Betrieb** Das Eisenwerk wird in diesem Sommer stillgelegt.

3.5 Produktionsanlagen

assemble It takes 45 minutes on average to assemble the machine.	**montieren** Es dauert durchschnittlich 45 Minuten, um das Gerät zu montieren.
assembly	**Montage**
▪ **assembly line** I did assembly line work for 20 years.	**Fließband, Montageband** Ich habe 20 Jahre lang an einem Fließband gearbeitet.
assembly plant	**Montagewerk**
automated Most manufacturing processes are now automated.	**automatisiert** Die meisten Herstellungsprozesse sind jetzt automatisiert.
bottleneck The production bottleneck is always at the assembly stage.	**Engpass** Der Produktionsengpass ist immer in der Montagephase.
breakdown	**Ausfall**
▪ **capacity** The plant is working at full capacity.	**Kapazität** Die Kapazität der Fabrik ist voll ausgelastet.
▪ **computer-controlled**	**computergesteuert**
downtime	**Ausfallzeit**

▪ **factory** They've made 50 factory workers redundant.	**Fabrik, Werk, Betrieb** Sie haben 50 Werksarbeiter entlassen.
high-tech	**Hochtechnologie, Hightech**
idle time Idle time is getting increasingly costlier.	**Leerlaufzeit, Stillstandszeit** Stillstandszeit wird zunehmend teurer.
▪ **machine operator**	**Bedienungskraft**
machine tool	**Werkzeugmaschine**
malfunction Work was stopped for an hour due a malfunction on the production line.	**Funktionsstörung** Die Arbeit wurde wegen einer Funktionsstörung am Fließband für eine Stunde unterbrochen.
▪ **manufacturing plant** They've opened a new manufacturing plant in China.	**Fabrik, Werk, Produktionsanlage** Sie haben eine neue Produktionsanlage in China eröffnet.
mechanized The entire process is now mechanized.	**mechanisiert, maschinell** Der gesamte Prozess wird jetzt maschinell ausgeführt.
operator	**Maschinenarbeiter(in), Bediener(in)**
▪ **order: out of order** The machine has been out of order all day.	**außer Betrieb** Das Gerät ist schon den ganzen Tag außer Betrieb.
packaging	**Verpackung**
piecework Piecework can be very tiring.	**Akkordarbeit** Akkordarbeit kann ziemlich ermüdend sein.
plant	**1. Betrieb, Werk, Anlage** **2. Maschinen** *pl.*, **technische Anlagen** *pl.*
▪ **production line** Production line work has been revolutionized.	**Förderband, Fertigungsstraße** Die Arbeit am Förderband ist revolutioniert worden.

production plant	**Produktionsstätte, Produktionsanlage**
robotics Robotics is playing an increasing role in manufacturing.	**Robotertechnik, Robotik** Die Robotertechnik spielt in der Herstellung eine immer größere Rolle.
shop floor He likes to be on the shop floor.	**Werkstatt, Produktion(sstätte), Fabrik** Er ist gern in der Werkstatt (unter den Arbeitern).
shrink-wrapped	**eingeschweißt**
▪ **standstill** The assembly lines came to a standstill because of the strike.	**Stillstand** Die Montagebänder kamen auf Grund des Streiks zum Stillstand.
stoppage (time) We lost a small fortune as a result of stoppage time last year.	**Stillstandszeit** Wir haben durch Stillstandszeiten letztes Jahr ein kleines Vermögen verloren.
▪ **tool** These are my tools of the trade.	**Werkzeug, Instrument** Das ist mein (Hand-) Werk(s)zeug.
vacuum-packed	**vakuumverpackt**
▪ **workshop** Small repairs are done in the workshop on site.	**Werkstatt** Kleine Reparaturen werden in der Werkstatt vor Ort ausgeführt.

3.6 Post und Versand

address address as above	**Adresse, Anschrift** Anschrift wie oben
addressee	**Adressat, Empfänger**
address label You can print out a whole sheet with the same address label.	**Adressaufkleber** Sie können einen ganzen Bogen mit dem gleichen Adressaufkleber ausdrucken.

advice note There should be an advice note inside the package.	**Versandanzeige** Es sollte eine Versandanzeige im Paket sein.
▪ **air: by air** By air it usually takes three days.	**auf dem Luftweg** Auf dem Luftweg dauert es meistens drei Tage.
air freight	**Luftfracht**
▪ **air mail** If you're sending it by air mail it's best to put an air mail sticker on the envelope.	**Luftpost** Wenn Sie es per Luftpost schicken, kleben Sie am besten einen Luftpostaufkleber auf den Umschlag.
arrival The arrival date was August 4th.	**Ankunft** Das Ankunftsdatum war der 4. August.
▪ **attachment** The attachment contains details of the plan.	**Anlage** Die Anlage enthält Einzelheiten über den Plan.
bill of lading	**Frachtbrief**
▪ **c/o (= care of)**	**p.A., p.Adr. (= per Adresse), z.Hd. (= zu Händen von)**
cargo Shipment is charged per tonne of cargo.	**Fracht(gut)** Versand wird pro Tonne Frachtgut berechnet.
cargo ship	**Frachter**
carriage	**1. Beförderung** **2. Transportkosten** *pl.*
carriage paid "Carriage paid" means the sender has paid for the cost of shipping.	**frachtfrei** „Frachtfrei" heißt, dass der Absender die Versandkosten bezahlt hat.
carrier	**Spediteur**
certified mail *Am.*	**Einschreibesendung(en)**
COD (= cash on delivery, *Am.* **collect on delivery)** The terms state cash on delivery.	**Lieferung gegen Nachnahme** In den Konditionen steht Lieferung gegen Nachnahme.

consignment Can you describe what was in the consignment?	**Sendung** Können Sie beschreiben, was in der Sendung enthalten war?
consignment note	**Frachtbrief, Ladeschein**
▪ **contents** What did you put down as the contents?	**Inhalt** *sg.* Was haben Sie als Inhalt angegeben?
▪ **courier** We'll have to send it by courier if we want it to get there by tomorrow.	**Kurier** Wir werden es per Kurier schicken müssen, wenn es bis morgen da sein soll.
▪ **deliver** "QuickPost" always deliver on time.	**liefern** „QuickPost" liefert immer rechtzeitig.
▪ **delivery** Deliveries are made between 8am and 5.30pm.	**Zustellung, (Aus)Lieferung** Die Auslieferung erfolgt zwischen 8 und 17.30 Uhr.
delivery charge	**Zustellgebühr**
delivery date	**Liefertermin**
delivery note	**Lieferschein**
▪ **delivery van**	**Lieferwagen**
destination Please write the destination in block capitals.	**Bestimmungsort** Bitte den Bestimmungsort in Blockschrift schreiben.
dispatch *s.*	**Versand**
dispatch *v.* When were the goods dispatched?	**(ab)schicken, absenden** Wann wurden die Waren abgeschickt?
dispatch rider The quickest way to have it delivered is by dispatch rider.	**Kurier** (**meist auf Motorrad**) Am schnellsten geht die Zustellung per Motorradkurier.
▪ **Do Not Bend**	**Bitte nicht knicken!**
Excess To Pay	**Nachgebühr**
express letter	**Eilbrief**
▪ **forward** Please forward.	**weiterleiten** *auf Sendung:* Bitte weiterleiten.

▪ **forwarder, forwarding agent** We'll get in touch with our forwarding agent straightaway.	**Spediteur** Wir werden uns sofort mit unserem Spediteur in Verbindung setzen.
forwarding instructions	**Lieferanweisungen**
franking machine	**Frankiermaschine**
▪ **freight** The canal has been reopened to freight traffic.	**Fracht** Der Kanal ist wieder für den Frachtverkehr geöffnet.
freighter	**Frachter**
general delivery *Am.*	**postlagernd**
▪ **handling charge**	**Bearbeitungsgebühr**
haulage What do you estimate the haulage costs to be?	**Transport, Beförderung** Wie hoch schätzen Sie die Transportkosten ein?
▪ **haulage company** They've been running the haulage company for generations.	**Spediteur, Spedition** Sie betreiben die Spedition seit Generationen.
haulier	**Spediteur**
heavy goods vehicle, HGV	**Schwertransporter, LKW**
International Reply Coupon	**Internationaler Antwortschein**
▪ **Jiffy bag**® I keep most Jiffy bags for reuse.	**gepolsterte Versandtasche** Ich bewahre die meisten Versandtaschen zur Wiederverwendung auf.
▪ **mail** *s.* The mail's late today.	**Post** Die Post ist heute spät dran.
mail *v. bsd. Am.*	**(mit der Post) schicken**
mailing address, postal address Mailing addresses often have a P.O. Box number.	**Post(zustell)adresse** Postzustelladressen haben oft eine Postfachnummer.
▪ **mailing list**	**Verteilerliste**
messenger	**Bote**

▪ **next-day delivery** We can no longer guarantee next-day delivery.	**Lieferung am nächsten Tag** Wir können die Lieferung am nächsten Tag nicht mehr garantieren.
overnight	**über Nacht**
▪ **P.O. Box (= Post Office Box)** Sometimes "P.O. Box" is abbreviated to "POB".	**Postfach** Manchmal wird „P.O. Box" mit „POB" abgekürzt.
▪ **package** *bsd. Am.*	**Paket**
▪ **parcel**	**Paket**
post *s.* Has the post arrived yet?	**Post** Ist die Post schon da?
post *v.*	**1. (mit der Post) schicken, aufgeben** **2.** *in Briefkasten:* **einwerfen**
▪ **post: by the same post** The contract has been sent to you by the same post.	**mit gleicher Post** Der Vertrag ist mit gleicher Post an Sie abgegangen.
▪ **postage** Can you tell me what the postage is on this letter?	**Porto** Können Sie mir sagen, wie viel Porto auf diesen Brief kommt?
▪ **postage and packing, p&p, P&P** The book costs $19.50 plus $2.95 for postage and packing.	**Porto und Verpackung** Das Buch kostet $ 19.50 plus $ 2.95 für Porto und Verpackung.
postage meter *Am.*	**Frankiermaschine**
postage paid	**gebührenfrei, portofrei**
postal scales	**Briefwaage** *sg.*
▪ **postbox** I'll pop it into a postbox on the way home.	**Briefkasten** Ich werfe es auf dem Heimweg in einen Briefkasten.
▪ **postcode** *Br.* You should write the postcode on a separate line.	**Postleitzahl** Sie sollten die Postleitzahl in eine andere Zeile schreiben.
Poste Restante	**postlagernd**

▪ **postmark** What's the date of the postmark?	**Poststempel** Wie lautet das Datum auf dem Poststempel?
▪ **post office** I'm just taking this down to the post office.	**Post(amt)** Ich bring das eben schnell zur Post.
printed papers If you send it as printed papers you can't enclose a letter.	**Drucksache** *sg.* Wenn Sie es als Drucksache schicken, können Sie keinen Brief beilegen.
priority mail *Am.*	**Eilpost**
▪ **Private**	**Persönlich**
receipt Always record the date of receipt.	**Erhalt** Notieren Sie immer das Eingangsdatum.
recorded delivery I always send manuscripts (by) recorded delivery.	**Einschreiben (mit begrenztem Entschädigungsanspruch)** Ich schicke Manuskripte immer per Einschreiben.
▪ **regd., registered** Valuable items should be sent by registered mail.	**eingeschrieben, per Einschreiben** Wertobjekte sollten per Einschreiben geschickt werden.
registered letter You have to sign for registered letters.	**eingeschriebener Brief, Einschreibebrief** Bei Einschreibebriefen muss man unterschreiben.
▪ **return: by return of post** I'll send you a reply by return of post.	**postwendend** Ich werde Ihnen postwendend eine Antwort zuschicken.
return address There's no return address on the parcel.	**Absenderadresse** Es ist keine Absenderadresse auf dem Paket.
return postage	**Rückporto**
return to sender If undelivered please return to sender.	**zurück an Absender** Falls unzustellbar, an Absender zurück.

Sample of no commercial value	**Muster ohne Wert**
▪ **send** **– send by e-mail** **– send by fax** **– send by post**	**schicken** **– mailen** **– faxen** **– per Post versenden**
▪ **sender**	**Absender**
▪ **shipping, shipment** Shipping costs are cheaper in the USA.	**Versand** Versandkosten sind in den USA billiger.
shipping agency	**Speditionsfirma**
▪ **small packet,** *Am.* **small parcel** The maximum weight for small packets is currently 2 kg.	**Päckchen** Das Höchstgewicht für Päckchen ist zurzeit 2 kg.
▪ **stamp, postage stamp** I hate sticking stamps on envelopes.	**Briefmarke** Ich klebe total ungern Briefmarken auf Umschläge.
surcharge	**Zuschlag**
This Way Up!	**Oben!**
transit The consignment was lost in transit from London to Chester.	**Transport** Die Sendung ging auf dem Weg von London nach Chester verloren.
waybill	**Frachtbrief**
▪ **weight** If it's under a kilogram in weight, it's much cheaper.	**Gewicht** Wenn das Gewicht unter einem Kilo bleibt, ist es wesentlich billiger.
▪ **With Care!, Handle With Care!**	**Vorsicht zerbrechlich!**
▪ **zip code** *Am.* The store's zip code is NY 10016.	**Postleitzahl** Die Postleitzahl des Geschäfts lautet NY 10016.

3.7 Buchführung

	accountancy	**Rechnungswesen, Buchführung**
▪	**accountant** We have two qualified accountants working in our office.	**Buchhalter(in), Steuerberater(in)** Wir haben zwei ausgebildete Buchhalter, die in unserem Büro arbeiten.
	accounting I've got to do a course in accounting this summer.	**Buchführung, Rechnungswesen** Ich muss diesen Sommer einen Buchführungskurs machen.
	accounting software	**Buchhaltungssoftware**
	accounts	**1. Geschäftsbücher** **2. Buchführung**
▪	**accounts (department)** She works in accounts/ in the accounts department.	**Buchhaltung(sabteilung)** Sie arbeitet in der Buchhaltung(sabteilung).
▪	**accounts: keep accounts** I hate having to keep accounts.	**Buch führen** Ich hasse es, die Buchführung machen zu müssen.
	actual **– actual cost** **– actual expenditure**	**effektiv, tatsächlich, Ist-...** **– Ist-Kosten** *pl.* **– Ist-Ausgaben**
▪	**add up**	**zusammenrechnen**
	adjust The figures are adjusted for inflation.	**bereinigen, korrigieren** Die Zahlen sind inflationsbereinigt.
	adjustment	**Berichtigung, Angleichung, Bereinigung**
▪	**amount** **– amount outstanding**	**Betrag, Summe** **– ausstehender Betrag**
▪	**amount to** Company debts amount to over 2 million marks.	**betragen, sich belaufen auf** Die Verschuldung der Firma beläuft sich auf über 2 Millionen Mark.

annual **– annual earnings** **– annual report** ■ **– annual turnover**	**Jahres…, jährlich** **– Jahresgewinn** **– Jahresbericht, Geschäftsbericht** **– Jahresumsatz**
asset ■ **– assets and liabilities**	**Aktivposten** **– Aktiva und Passiva**
audit *s.* Somebody will be coming to carry out an audit next week.	**Rechnungsprüfung** Nächste Woche kommt jemand, um eine Rechnungsprüfung durchzuführen.
audit *v.*	*Bücher:* **prüfen**
auditor	**Rechnungsprüfer(in)**
■ **balance sheet** The company balance sheet showed significant profits over the last year.	**Bilanz, Jahresabschluss** Der Jahresabschluss der Firma wies im vergangenen Jahr einen beträchtlichen Gewinn aus.
balance the budget **– balanced budget**	**den Haushalt ausgleichen** **– ausgeglichenes Budget**
ballpark figure	**über den Daumen gepeilter Wert**
book-keeper	**Buchhalter(in)**
■ **book-keeping**	**Buchführung, Buchhaltung**
bottom line All I want to know is the bottom line.	**Endergebnis** Ich will lediglich das Endergebnis wissen.
break down	*Kosten, Zahlen:* **aufschlüsseln**
breakdown of expenses We need a breakdown of all your travel expenses.	**Kostengliederung** Wir brauchen eine Aufgliederung all Ihrer Reisekosten.
■ **budget** Jane Ray will be reporting on the remaining budget for this year.	**Budget, Etat, Haushaltsplan** Jane Ray berichtet über das Restbudget für dieses Jahr.
budget accounting	**Plankostenrechnung**
■ **budget cuts**	**Budgeteinsparungen**

	budget for	**im Haushalt veranschlagen/ vorsehen**
	budgeting	**Haushaltsplanung, Finanzplanung**
▪	**business year** Our business year begins in July.	**Wirtschaftsjahr, Geschäftsjahr** Unser Geschäftsjahr beginnt im Juli.
▪	**calculate**	**berechnen, ausrechnen, errechnen**
	carry forward That sum can be carried forward into the next year.	**übertragen, vortragen** Der Betrag kann ins folgende Jahr übertragen werden.
	ceiling	**Höchstgrenze, Höchstbetrag**
	certified accountant	**zugelassene(r) Wirtschaftsprüfer(in)**
▪	**charge** *s.* – **at no charge**	**Gebühr** – **kostenlos, gebührenfrei**
	charge *v.* He's charged us for two pencils!	**verlangen, berechnen** Er hat uns zwei Bleistifte berechnet!
	charge to Charge the expenses to my account.	**zurechnen, belasten** Belasten Sie die Kosten meinem Konto.
▪	**chartered accountant**	**zugelassene(r) Wirtschaftsprüfer(in)**
	corporate finance	**betriebliches Rechnungswesen**
▪	**cost** The cost is beyond our budget.	**Kosten** *pl.*, **Aufwand** Die Kosten gehen über unser Budget hinaus.
▪	**cost accounting**	**Kostenrechnung**
	costing I'm busy doing a costing for a new project.	**Kalkulation** Ich bin gerade mit der Kalkulation für ein neues Projekt beschäftigt.
▪	**count**	**zählen**

▪ **cover** We've just about covered the costs.	*Kosten:* **decken** Wir haben gerade mal die Kosten gedeckt.
creative accounting	**kreative Buchführung**
▪ **decimal point** In English we put a decimal point where you put a comma.	**Dezimalpunkt** Im Englischen setzen wir bei Zahlen einen Dezimalpunkt, wo Sie ein Komma setzen.
deficit We've got to make up this deficit.	**Defizit, Fehlbetrag** Wir müssen dieses Defizit ausgleichen.
▪ **digit** A billion has 10 digits.	**Stelle, Ziffer** Eine Milliarde hat 10 Stellen.
double-digit The last year has seen double-digit inflation again.	**zweistellig** Im vergangenen Jahr gab es wieder eine zweistellige Inflationsrate.
▪ **double-entry book-keeping** Are you familiar with double-entry book-keeping?	**doppelte Buchführung** Kennen Sie sich mit der doppelten Buchführung aus?
▪ **estimate** *s.* Could you send us an estimate for the job?	**Kostenvoranschlag** Könnten Sie uns einen Kostenvoranschlag für die Arbeit schicken?
estimate *v.* It's more than I had estimated.	**veranschlagen** Es ist mehr, als ich veranschlagt hatte.
excess *adj.*	**überschüssig**
excess *s.* How is an excess of $4,000 to be explained?	**Mehrbetrag, Überhang** Wie ist ein Überhang von $ 4.000 zu erklären?
▪ **expenditure** All expenditure must be accounted for.	**Ausgaben** *pl.*, **Aufwand** Alle Ausgaben müssen nachgewiesen werden.
extra charge	**Zuschlag, Aufpreis**
fiddle the accounts *F*	**die Bücher frisieren** *F*
final accounts	**Endabrechnung** *sg.*, **Schlussrechnung** *sg.*

▪ **financial report**	**Jahresabschlussbericht**
first half of the year The figures for the first half of the year are very encouraging.	**erstes Halbjahr** Die Zahlen für das erste Halbjahr sind sehr ermutigend.
grand total We are left with a grand total of £34.56.	**Gesamtsumme** Es bleibt uns die Gesamtsumme von £ 34.56.
guesstimate *F* As a guesstimate, I'd say it was worth $35,000.	**Daumenschätzung, grobe Schätzung** Über den Daumen gepeilt würde ich sagen, es ist $ 35.000 wert.
income and expenditure account	**Gewinn- und Verlustrechnung (bei gemeinnützigen Unternehmen), Erfolgs- und Aufwandkonto**
interim balance	**Zwischenbilanz**
interim report	**Zwischenbericht**
▪ **invoice** I can't find an invoice for DM7,723.60.	**Rechnung** Ich finde keine Rechnung über DM 7.723,60.
▪ **itemize** Could you itemize all the tasks?	**aufgliedern, einzeln aufführen** Könnten Sie alle Aufgaben einzeln aufführen?
ledger I still have the leather-bound ledgers my grandfather used for his accounts.	**Hauptbuch, Geschäftsbuch** Ich habe noch die ledergebundenen Geschäftsbücher, die mein Großvater für seine Buchführung verwendete.
left column	**Sollseite**
less What's the cost less VAT?	**abzüglich** Wie ist der Preis abzüglich Mehrwertsteuer?
▪ **miscalculate**	**falsch berechnen**

miscellaneous, misc. Put it under miscellaneous expenses.	**Verschiedenes, Versch.** Tragen Sie es unter verschiedene Kosten ein.
▪ **net** *adj. und adv.* My salary is paid net.	**netto** Mein Gehalt wird netto ausgezahlt.
net amount	**Nettobetrag**
net loss	**Nettoverlust**
nil What we are left with is nil.	**null** Was uns übrig bleibt ist null.
no. (= number)	**Nr. (= Nummer)**
▪ **nought** That's a difference of nought point three per cent.	**null** Das ist ein Unterschied von null Komma drei Prozent.
▪ **number**	**Nummer, Anzahl**
number crunching *F* After a whole day of number crunching, I'm exhausted.	**Zahlenverarbeitung, Umgang mit Zahlen** Nachdem ich den ganzen Tag mit Zahlen gearbeitet habe, bin ich erschöpft.
▪ **order book** The order books are pretty full at the moment.	**Auftragsbuch** Die Auftragsbücher sind zurzeit ziemlich voll.
outgoings All outgoings are listed in this column.	**Ausgaben, Aufwendungen** Alle Ausgaben werden in dieser Spalte aufgeführt.
outlay	**Auslagen, Ausgaben**
▪ **overestimate** The investment requirements have been overestimated.	**überschätzen** Der Investitionsbedarf ist überschätzt worden.
▪ **overheads** You save on overheads when you employ freelances.	**betriebliche/laufende Kosten** Man spart die laufenden Kosten, wenn man Freiberufler beschäftigt.
paper profit	**Buchgewinn, nicht realisierter Gewinn**

▪ **per cent, pc, p.c.,** *bsd. Am.* **percent** You can use the percentage sign instead of writing "per cent" every time.	**Prozent, p. c., v. Hd. (von Hundert)** Sie können das Prozentzeichen benutzen, statt jedes mal „Prozent" auszuschreiben.
▪ **percentage** **– percentage point**	**Prozent(satz)** **– Prozentpunkt**
▪ **preceding/previous year** How do they compare with the previous year's figures?	**Vorjahr** Wie sind die Zahlen im Vergleich zu denen des Vorjahres?
▪ **profit and loss** The company have just published their profit and loss figures.	**Gewinn und Verlust** Die Firma hat soeben ihre Gewinn- und Verlustzahlen veröffentlicht.
profit and loss account	**Gewinn- und Verlustrechnung**
qualified accountant	**amtlich geprüfte(r) Buchhalter(in)**
▪ **quarter** We have to send in a VAT return every quarter.	**Quartal** Wir müssen jedes Quartal eine MwSt.-Erklärung einreichen.
▪ **ratio** The ratio of men to women is three to one.	**Verhältnis(zahl)** Das Verhältnis von Männern zu Frauen ist drei zu eins.
revise downward/upward The results had to be revised downwards.	**nach unten/oben korrigieren** Die Ergebnisse mussten nach unten korrigiert werden.
revised figures	**bereinigte/berichtigte Zahlen**
right column	**Habenseite**

rough estimate At a rough estimate, we will net £120,000 this year.	**grobe Schätzung** Grob geschätzt werden unsere Nettoeinnahmen dieses Jahr £ 120.000 betragen.
▪ **round down**	**abrunden**
round up	**aufrunden**
second half of the year	**zweites Halbjahr**
shortfall There's a shortfall of several thousand pounds.	**Fehlbetrag, Defizit** Es gibt einen Fehlbetrag von mehreren tausend Pfund.
single-digit Single-digit figures should be preceded by a nought.	**einstellig** Einstelligen Zahlen sollte eine Null vorangehen.
▪ **sum**	**Summe**
▪ **threshold** We've just passed the million dollar threshold.	**Schwelle** Wir haben gerade die eine-Million-Dollar-Schwelle überschritten.
▪ **total** ▪ **– subtotal** **– grand total**	**Summe** **– Zwischensumme** **– Gesamtsumme**
tot up *F* Could you tot up his business expenses again?	**zusammenzählen** Könnten Sie seine Spesen noch mal zusammenzählen?
unaccounted for There is a considerable sum which is still unaccounted for.	**nicht ausgewiesen, ungeklärt** Es gibt eine beträchtliche Summe, die noch ungeklärt ist.
▪ **write off**	**1. abbuchen** **2.** *Schulden usw.:* **abschreiben**
year-end **– year-end audit**	**Jahresende** **– Jahresabschlussprüfung**
▪ **year-on-year**	**im Jahresvergleich**

3.8 Betriebsfinanzierung

accumulated profit	**Gewinnvortrag, aufgelaufener Betriebsgewinn**
add-on costs	**Lohnnebenkosten**
▪ **allocate** More resources have been allocated to the new project.	**zuweisen, zuteilen** Dem neuen Projekt sind mehr Mittel zugeteilt worden.
allocation	**Zuweisung, Zuteilung**
▪ **back** The project was backed by two local companies.	**(finanziell) unterstützen** Das Projekt wurde von zwei ortsansässigen Firmen unterstützt.
▪ **black: be in the black**	**schwarze Zahlen schreiben, mit Gewinn arbeiten**
black: go into the black The football club went into the black for the first time this year.	**in die Gewinnzone kommen** Der Fußballklub schrieb dieses Jahr zum ersten Mal schwarze Zahlen.
▪ **break even**	**die Gewinnschwelle erreichen**
breakeven point We should reach breakeven point in two years.	**Gewinnschwelle, Break-Even-Punkt** Wir müssten in zwei Jahren die Gewinnschwelle erreichen.
▪ **business expenses**	**Betriebsausgaben**
▪ **capital** **– nominal capital** **– outside capital** **– seed capital**	**(Stamm)Kapital** **– Stammkapital** **– Fremdkapital** **– Gründungskapital, Startkapital**
capital expenditure	**Investitionsaufwand, Kapitalaufwendungen** *pl.*
cash cow	**Unternehmen mit hohen Liquiditätsreserven**

▪ **clear profit** We made a clear profit of over 3 million DM.	**Nettoeinkommen, Reinertrag** Wir haben einen Reinertrag von über DM 3 Millionen erzielt.
company assets	**Firmenkapital** *sg.*
controlling interest An unnamed American has the controlling interest.	**Mehrheitsbeteiligung** Ein unbenannter Amerikaner hat die Mehrheitsbeteiligung.
cost-benefit analysis A cost-benefit analysis will have to be carried out first.	**Kosten-Nutzen-Analyse** Es muss zuerst eine Kosten-Nutzen-Analyse durchgeführt werden.
cost-cutting	**Kostensenkungen** *pl.*
▪ **cost-effective**	**kosteneffektiv, wirtschaftlich**
current assets	**Umlaufvermögen** *sg.*
cutback	**Einschränkung, Kürzung**
▪ **economical** It isn't the most economical way to run a business.	**wirtschaftlich, sparsam** Es ist nicht gerade die wirtschaftlichste Art, ein Geschäft zu betreiben.
▪ **efficiency** They're trying to match the efficiency levels of their rivals.	**Leistungsfähigkeit, Effizienz** Sie versuchen, genauso effizient zu arbeiten wie ihre Konkurrenten.
efficient	**wirtschaftlich, effizient**
expenditure Expenditure levels will have to come down.	**Aufwendungen** *pl.*, **Ausgaben** *pl.* Die Ausgaben müssen gedrosselt werden.
▪ **finance** *v.* How do you propose we finance the project?	**finanzieren** Wie sollen wir das Projekt Ihrer Meinung nach finanzieren?
financially sound	**finanziell gesund**
gross	**brutto verdienen**
▪ **gross income**	**Bruttoeinkommen**

inefficiency	**Ineffizienz, Unwirtschaftlichkeit**
inefficient It's a highly inefficient department.	**ineffizient, unwirtschaftlich** Es ist eine höchst ineffiziente Abteilung.
lean year After three lean years, we've finally made a significant profit.	**mageres Jahr** Nach drei mageren Jahren haben wir endlich einen beträchtlichen Gewinn gemacht.
▪ **loss** The business showed a loss in the first half.	**Verlust** Das Geschäft hat im ersten Halbjahr einen Verlust ausgewiesen.
▪ **majority shareholder**	**Hauptaktionär(in), Mehrheitsaktionär(in)**
net *v.* What did the deli net last year?	**netto verdienen, Reingewinn abwerfen** Was für einen Reingewinn hat der Delikatessenladen letztes Jahr abgeworfen?
▪ **net income**	**Nettoeinkommen**
net profit	**Reingewinn, Reinerlös**
net worth	**Eigenkapital, Nettowert, Reinvermögen**
operating loss The company has sustained major operating losses.	**Betriebsverlust** Die Firma hat große Betriebsverluste erlitten.
operating profit	**Betriebsgewinn**
profit *s.* We made a profit in the very first year.	**Gewinn, Profit** Wir haben schon im ersten Jahr einen Gewinn erzielt.
profit *v.*	**profitieren**
profitability I'm not so sure about the profitability of such a venture.	**Rentabilität, Wirtschaftlichkeit** Ich bin mir über die Rentabilität einer solchen Unternehmung nicht sicher.

▪ **profitable**	**Gewinn bringend, rentabel**
profit centre (*Am.* **center**)	**Profit-Center, Erfolgsbereich**
(profit) margin We're having to settle for narrow margins this year.	**Gewinnspanne** Wir müssen uns dieses Jahr mit geringen Gewinnspannen abfinden.
profit-sharing	**Gewinnbeteiligung**
rationalization The division has undergone a rationalization process.	**Rationalisierung** Die Sparte hat einen Rationalisierungsprozess durchlaufen.
▪ **recoup** It will take us at least a year to recoup the losses.	**ausgleichen, wettmachen** Es wird mindestens ein Jahr dauern, bis wir die Verluste wettmachen.
recover	**wiedereinbringen, einholen**
red: go into the red	**in die Verlustzone geraten**
▪ **red: in the red** We're still in the red.	**in den roten Zahlen** Wir sind immer noch in den roten Zahlen.
reserves	**Rücklagen, Reserven**
▪ **results** The results for the second quarter will be published next week.	**Ergebnisse** Die Ergebnisse für das zweite Quartal werden nächste Woche veröffentlicht.
▪ **shareholder,** *Am.* **stockholder** There are going to be a lot of angry shareholders at the AGM.	**Aktionär(in), Aktieninhaber(in)** Es werden eine Menge wütende Aktionäre auf der Jahreshauptversammlung sein.
trading losses	**Betriebsverlust** *sg.*
turnround, *Am.* **turnaround** Six months after the takeover, GM experienced a turnround.	**Umschwung, Wende** Sechs Monate nach der Übernahme erlebte die Firma GM einen Umschwung.
underfunded	**unterkapitalisiert**

▪ **undervalue** I think the company is undervalued.	**unterbewerten, unterschätzen** Ich meine, die Firma ist unterbewertet.
uneconomical The driver training scheme proved to be uneconomical.	**unrentabel, unwirtschaftlich** Das Fahrertrainingsprogramm erwies sich als unrentabel.
▪ **unprofitable**	**unrentabel, unergiebig**
▪ **working capital**	**Betriebskapital**

3.9 Konkurs und Geschäftsübernahme

acquire	**erwerben, aufkaufen**
▪ **acquisition** After its acquisition by "Eagle Eye", sales rose by 5% in the first half.	**Akquisition, Aufkauf, übernommene Gesellschaft** Nach der Übernahme durch „Eagle Eye" stiegen die Verkaufszahlen im ersten Halbjahr um 5%.
acquisition value	**Anschaffungswert**
acquisitive They're a highly acquisitive group.	**erwerbsorientiert, gewinnsüchtig, gewinnorientiert** Es ist ein äußerst gewinnorientierter Konzern.
asset-stripping	**Anlagenausschlachtung, Ausschlachtung von Firmen**
▪ **bankrupt** The company went bankrupt last year.	**bankrott, pleite** *F* Die Firma ging letztes Jahr in Konkurs/hat letztes Jahr Pleite gemacht.
▪ **bankruptcy** More and more small firms are facing bankruptcy.	**Konkurs(verfahren), Pleite** *F* Mehr und mehr Kleinbetriebe stehen vor dem Konkurs.

▪ **bid**	**Kaufangebot**, **Übernahmeangebot**
A Japanese corporation is making a bid for the company.	Ein japanisches Unternehmen macht ein Angebot für die Übernahme der Firma.
bidder	**Bewerber(in)**, **Bietende(r)**
bid for	**ein Angebot machen für**, **sich bewerben um**
Two unnamed companies are bidding for the takeover.	Zwei ungenannte Firmen machen ein Angebot für die Übernahme.
break-up value	**Liquidationswert**
▪ **business: go out of business**	**die Geschäftstätigkeit einstellen, zumachen** *F*
Over 3,000 manufacturers have gone out of business in the last five years.	Mehr als 3000 Erzeuger haben in den letzten fünf Jahren zugemacht.
bust: go bust *F*	**Pleite gehen, Pleite machen** *F*
The company went bust before my computer had been dispatched.	Die Firma hat Pleite gemacht, bevor mein Computer ausgeliefert wurde.
▪ **buy out**	**aufkaufen**
They've bought out most of their rival companies.	Sie haben die meisten ihrer Konkurrenzfirmen aufgekauft.
buyout	**Aufkauf, Übernahme, Buy-out**
corporate raider	**Unternehmensaufkäufer**
forced sale	**Zwangsverkauf**
It was a forced sale at a very low price.	Es war ein Zwangsverkauf zu einem sehr niedrigen Preis.
insolvency	**Zahlungsunfähigkeit, Insolvenz**
We sold off all our assets to avoid insolvency.	Wir haben all unsere Vermögenswerte veräußert, um Zahlungsunfähigkeit zu vermeiden.
insolvent	**zahlungsunfähig, insolvent**

leveraged buyout	**Übernahme durch Fremdfinanzierung, mit Krediten finanzierter Aufkauf eines Unternehmens**
liquidate	**liquidieren**
▪ **liquidation** The shop has gone into liquidation.	**Konkurs, Liquidation** Das Geschäft ist in Konkurs gegangen.
liquidation sale	**Räumungsverkauf**
liquidator	**Abwickler(in), Konkursverwalter(in)**
▪ **management buyout** Management buyouts are on the increase.	**Übernahme durch das Management** Immer mehr Unternehmen werden vom Management übernommen.
▪ **(official) receiver** The receivers have been called in.	**Konkursverwalter(in)** Man hat die Konkursverwalter bestellt.
▪ **receivership** The company went into receivership last week.	**Zwangsverwaltung, Konkursverwaltung** Die Firma kam letzte Woche unter die Leitung eines Konkursverwalters.
solvent	**solvent, zahlungsfähig**
take over	**übernehmen**
▪ **takeover** The toy company did everything it could to avoid a takeover.	**(Geschäfts)Übernahme, Aufkauf** Die Spielzeugfirma hat alles in ihrer Macht stehende getan, um eine Übernahme zu vermeiden.
▪ **takeover bid**	**Übernahmeangebot**
wall: go to the wall *F* Many small businesses have gone to the wall in the last year.	**Pleite machen** *F* Viele Kleinbetriebe haben im letzten Jahr Pleite gemacht.

white knight *F*	**Retter in der Not** *F*, **Firma, die eine andere vor einer Übernahme rettet**
winding up The winding up of the company could still take months.	**Liquidation, Auflösung** Die Auflösung der Firma könnte noch Monate dauern.

3.10 Administration

▪ **administration** Administration costs are going up all the time.	**Verwaltung(s...)** Die Verwaltungskosten steigen ständig.
administrative	**administrativ, verwaltungstechnisch**
administrative charge There is an administrative charge for certifying these photocopies.	**Verwaltungsgebühr** Für die Beglaubigung dieser Fotokopien fällt eine Verwaltungsgebühr an.
administrative staff, admin staff *F sg. od. pl.* The admin staff aren't having a Christmas party.	**Verwaltungspersonal** Das Verwaltungspersonal macht keine Weihnachtsfeier.
administrator	**Verwalter(in), Verwaltungsfachmann, -frau**
applicable Tick where applicable.	**zutreffend** Zutreffendes bitte ankreuzen. (*eigentlich* »abhaken«)
▪ **approval**	**Genehmigung, Zulassung, Billigung**
approve All purchases must be approved by the department head.	**genehmigen** Alle Einkäufe müssen vom Abteilungsleiter genehmigt werden.
▪ **bureaucracy** You can waste an awful lot of time on bureaucracy.	**Bürokratie, Papierkrieg** Man kann furchtbar viel Zeit mit Bürokratie verschwenden.

▪ **form** Would you please fill in this form and sign and date it.	**Formular, Vordruck** Würden Sie bitte dieses Formular ausfüllen und mit Datum unterschreiben.
▪ **invalid** Your work permit is invalid.	**ungültig** Ihre Arbeitserlaubnis ist ungültig.
official: for official use only	**nur für den Dienstgebrauch**
▪ **red tape** I can't believe the red tape involved in getting a work permit.	**Bürokratismus, Papierkrieg, Behördenkram** *F* Es ist kaum zu glauben, wie viel Papierkrieg nötig ist, um eine Arbeitserlaubnis zu bekommen.
register *s.*	**Verzeichnis**
▪ **register** *v.* Have you registered your company name?	**eintragen** Haben Sie Ihren Firmennamen eintragen lassen?
registration	**Anmeldung, Eintragung**
▪ **regulate** It's a body which regulates the activities of export companies.	**regulieren, regeln** Es ist ein Gremium, das die Geschäfte von Exportfirmen regelt.
umbrella organization	**Dachorganisation**
▪ **valid**	**gültig**
void	**ungültig**
without charge, w.c. A replacement ID card will be issued to you without charge.	**gebührenfrei, kostenlos** Es wird Ihnen kostenlos ein Ersatzausweis ausgestellt.

4 Handel

4.1 Handel allgemein

▪ **advance order**	**Vor(aus)bestellung**
▪ **agency** We've got agencies in over 30 countries.	**Agentur, Vertretung** Wir haben Vertretungen in über 30 Ländern.
▪ **agent** She's our agent in Ankara.	**(Handels)Vertreter(in)** Sie ist unsere Vertreterin in Ankara.
▪ **approval: on approval** We can send you one copy on approval.	**auf Probe, zur Ansicht** Wir können Ihnen ein Exemplar zur Ansicht schicken.
back order We're still trying to get through our back orders.	**noch nicht erledigter Auftrag** Wir versuchen immer noch, unsere unerledigten Aufträge abzuarbeiten.
▪ **board of trade** He's a high-up member of the board of trade.	**Handelskammer** Er ist ein hohes Tier in der Handelskammer.
branch We opened five new branches last month.	**Filiale, Zweigstelle, Niederlassung** Wir haben im letzten Monat fünf neue Filialen eröffnet.
▪ **commerce** The town used to be a centre of commerce in the last century.	**Handel** Die Stadt war im letzten Jahrhundert ein Handelszentrum.

▪ **commercial** Their location has proved a tremendous commercial advantage.	**kommerziell, gewerblich, Handels…** Ihr Standort hat sich als äußerst vorteilhaft erwiesen.
commercial interest	**Geschäftsinteresse**
commercially viable	**rentabel**
commercial world	**Geschäftswelt**
commodity We deal in commodities such as silk and cotton.	**Ware, Rohstoff** Wir handeln mit Waren wie z. B. Seide und Baumwolle.
commodity market	**Gütermarkt, Rohstoffmarkt, Warenmarkt**
Confederation of British Industry, CBI	**Verband der britischen Industrie**
▪ **dealer** The Harts have been car dealers for generations.	**Händler(in)** Die Harts sind seit Generationen Autohändler.
dealer network	**Händlerorganisation**
dealership	**Händler(niederlassung)**
deal in They deal in precious stones.	**handeln mit** Sie handeln mit Edelsteinen.
▪ **demand** Demand for electric cars is rising fast.	**Nachfrage, Bedarf** Die Nachfrage nach Elektroautos nimmt rapide zu.
▪ **Department of Trade and Industry, DTI** *Br.*	**Wirtschaftsministerium**
direct selling	**Direktverkauf**
distribute	*Ware:* **vertreiben**
distributor Our PR department is in close touch with the distributors.	**Vertriebsorganisation, Verteiler, Händlerfirma** Unsere PR-Abteilung hält engen Kontakt zu den Händlerfirmen.
▪ **domestic** Domestic output has remained the same.	**inländisch, Binnen…** Die inländische Produktion ist gleich geblieben.
excess demand	**Nachfrageüberschuss**

excess supply	**Angebotsüberschuss**
flood the market The market is being flooded with counterfeit goods.	**den Markt überschwemmen** Der Markt wird von Imitationsware überschwemmt.
▪ **franchise** They got the franchise to sell ZT's accessories.	**Alleinverkaufsrecht, Konzession** Sie haben die Konzession für den Verkauf von ZT-Zubehör erworben.
franchised dealer	**Vertragshändler(in)**
glut There's currently a glut of cocoa on the market.	**Schwemme, Überangebot** Zurzeit gibt es ein Überangebot an Kakao auf dem Markt.
▪ **goods** Most of our goods are imported.	**Waren** Die meisten unserer Waren werden eingeführt.
▪ **gross domestic product, GDP**	**Bruttoinlandsprodukt, BIP**
heavy demand	**starke Nachfrage**
home market	**Binnenmarkt, Inlandsmarkt**
▪ **industrial**	**industriell, gewerblich**
industrial park Too many industrial parks are being built on greenfield sites.	**Industriepark, Gewerbegebiet** Zu viele Gewerbegebiete werden im Grünen gebaut.
▪ **invisible trade** Banking and tourism count among the country's invisible trade.	**unsichtbarer Handel** Das Bankwesen und der Tourismus zählen zum unsichtbaren Handel des Landes.
key industry Copper smelting is the region's key industry.	**Schlüsselindustrie** Kupferschmelzung ist die Schlüsselindustrie dieser Region.
▪ **merchant**	**Kaufmann, Kauffrau**
▪ **monopoly** They have an absolute monopoly on sugar production.	**Monopol(stellung)** Sie haben ein vollkommenes Monopol auf die Zuckerproduktion.

▪ **Office of Fair Trading, OFT** *Br.*	**Kartellamt**
▪ **order** *s.* **– as per order** **– on order**	**Auftrag, Bestellung** **– auftragsgemäß** **– bestellt**
order *v.*	**bestellen**
oversupply	**Überangebot**
pent-up demand There's a lot of pent-up demand to be met in those countries.	**Nachholbedarf, Nachfragerückstau** In diesen Ländern gibt es einen großen Nachholbedarf.
▪ **permit** Do you have a permit to set up your stall here?	**Erlaubnis, Genehmigung, Lizenz** Haben Sie eine Genehmigung, um Ihren Stand hier aufzustellen?
quantity buyer	**Großabnehmer(in)**
▪ **quantity discount** What kind of quantity discount do they give you?	**Mengenrabatt** Was für einen Mengenrabatt gewähren sie Ihnen?
▪ **quota**	**Quote**
quota fixing	**Kontingentierung**
registered company	**eingetragene Gesellschaft**
reorder Companies have been reordering the calendar in vast numbers.	**nachbestellen** Viele Firmen haben eine große Anzahl an Kalendern nachbestellt.
▪ **retail (trade)** I work in retail/in the retail trade.	**Einzelhandel** Ich bin im Einzelhandel tätig.
retail business	**Einzelhandel(sbetrieb)**
▪ **retailer**	**Einzelhändler(in)**
▪ **retail outlet**	**Einzelhandelsverkaufsstelle**
retail price ▪ **– recommended retail price, RRP**	**Einzelhandelspreis** **– unverbindliche Preisempfehlung**
▪ **salesman** He's a good salesman.	**Verkäufer, Vertreter** Er ist ein guter Verkäufer.

salesperson	**Verkäufer(in), Vertreter(in)**
sales rep (= sales representative), rep *F*	**Handelsvertreter(in)**
▪ **saleswoman**	**Verkäuferin, Vertreterin**
▪ **saturated** It seems the market is already saturated.	**gesättigt** Der Markt scheint bereits gesättigt zu sein.
sole trader	**Alleininhaber(in)**
staple (product) Wheat is a staple of that region.	**Hauptprodukt** Weizen ist eines der Hauptprodukte der Region.
▪ **stockist** Available from all major stockists.	**Fachhändler(in), Fachgeschäft** Bei allen größeren Fachgeschäften erhältlich.
▪ **stocktaking** We do stocktaking twice a year.	**Bestandsaufnahme, Inventur** Wir machen zweimal im Jahr Inventur.
▪ **supplier** One of our suppliers has gone bankrupt.	**Lieferant(in), Anbieter(in)** Einer unserer Lieferanten hat Pleite gemacht.
supply	**liefern**
▪ **supply and demand** It's all a question of supply and demand.	**Angebot und Nachfrage** Es ist alles eine Frage von Angebot und Nachfrage.
supply industry	**Zulieferindustrie**
▪ **trade** *s.* Trade is in decline at the moment.	**Handel** Der Handel geht momentan zurück.
trade *v.* You need a licence to trade at this market.	**Handel treiben** Sie brauchen eine Genehmigung, um auf diesem Markt Handel zu treiben.
▪ **trade and industry**	**gewerbliche Wirtschaft**
trade discount You're entitled to a trade discount.	**Händlerrabatt** Sie haben Anspruch auf Händlerrabatt.
▪ **trader**	**Händler(in)**

trade secret It's a trade secret that goes back centuries.	**Geschäftsgeheimnis** Es ist ein Geschäftsgeheimnis, das Jahrhunderte zurückgeht.
trade surplus	**Handelsbilanzüberschuss**
▪ **Trading Standards Office** *Am.*	**Gewerbeaufsichtsamt**
travelling sales(wo)man	**Handelsreisende(r)**
vendor	**Verkäufer(in)**
volume discount Most of our big customers get volume discounts.	**Mengenrabatt** Die meisten unserer Großkunden bekommen Mengenrabatte.
volume of trade	**Umsatz**
wholesale price	**Großhandelspreis**
▪ **wholesaler**	**Großhändler(in)**

4.2 Internationaler Handel

▪ **balance of payments** This year saw a balance of payments deficit.	**Zahlungsbilanz** Dieses Jahr gab es ein Zahlungsbilanzdefizit.
▪ **balance of trade**	**Handelsbilanz**
boycott *s.* They want to impose a boycott on carpets from certain parts of the Far East.	**Boykott, Sperre** Sie wollen einen Boykott auf Teppiche aus bestimmten Regionen des fernen Ostens verhängen.
boycott *v.*	**boykottieren**
▪ **country of origin** The label must state the country of origin.	**Herkunftsland** Auf dem Etikett muss das Herkunftsland angegeben sein.
▪ **export** *s.* What are the country's main exports?	**Export(ware), Ausfuhr(ware)** Was sind die Hauptexportwaren des Landes?
export *v.*	**ausführen, exportieren**
export licence (*Am.* **license**)	**Ausfuhrgenehmigung**

▪ **foreign trade** Foreign trade is now flourishing.	**Außenhandel** Der Außenhandel floriert jetzt.
▪ **free trade zone** Mercosur was established as a free trade zone in 1991.	**Freihandelszone** Der Mercosur wurde 1991 als Freihandelszone gegründet.
GATT (= General Agreement on Tariffs and Trade)	**GATT (= Allgemeines Zoll- und Handelsabkommen)**
▪ **enterprise zone** Kaliningrad enjoys enterprise zone status.	**Industriefördergebiet, Sonderwirtschaftszone** Kaliningrad hat den Status einer Sonderwirtschafts-zone.
▪ **import** *s.*	**Import(ware), Einfuhr(ware)**
import *v.* What kind of commodities do you import?	**importieren, einführen** Was für Waren importieren Sie?
importer	**Importeur(in), Importfirma**
import licence (*Am.* **license**)	**Einfuhrgenehmigung**
International Chamber of Commerce	**Internationale Handels-kammer**
▪ **merchant navy**	**Handelsmarine**
NAFTA (= North American Free Trade Area)	**NAFTA (= Nordamerikani-sche Freihandelszone)**
overseas Overseas trade is our main source of income.	**Auslands..., ausländisch, Übersee...** Der Außenhandel ist unsere Haupteinnahmequelle.
▪ **trade agreement** It's a clear contravention of the trade agreement.	**Handelsabkommen** Es ist ein klarer Verstoß gegen das Handelsab-kommen.
▪ **trade deficit**	**Handelsbilanzdefizit**
trade figures	**Außenwirtschaftszahlen**

trade sanctions Belgium is threatening to impose trade sanctions on the island.	**Wirtschaftssanktionen** Belgien droht, gegen die Insel Wirtschaftssanktionen zu verhängen.
▪ **trade talks** Trade talks will resume after the summer recess.	**Handelsgespräche** Die Handelsgespräche werden nach der Sommerpause fortgesetzt.
trading	**Handelsverkehr**
trading bloc	**Handelsblock**
▪ **trading partner**	**Handelspartner**
world market Experts say the world market is slowly recovering.	**Weltmarkt** Die Experten sagen, dass sich der Weltmarkt allmählich erholt.
▪ **world trade** World trade is in crisis.	**Welthandel** Der Welthandel steckt in einer Krise.

4.3 Kunde und Verkauf

▪ **afford sth.**	**sich etw. leisten**
▪ **affordable** It's got to be affordable to the average consumer.	**erschwinglich** Es muss für den Normalverbraucher erschwinglich sein.
after-sales service The quality of after-sales service is crucial these days.	**Kundendienst** Die Qualität des Kundendienstes ist heutzutage äußerst wichtig.
average consumer	**Normalverbraucher(in)**
▪ **bar code**	**Strichcode**
bar code scanner	**Strichcodescanner**
▪ **bargain** Everyone likes a bargain.	**guter Kauf, Sonderangebot** Jeder freut sich über ein Schnäppchen.
bargain price	**Gelegenheitspreis**
best-before date	**Haltbarkeitsdatum**

bulk buyer There are different price lists for bulk buyers.	**Großabnehmer(in)** Für Großabnehmer gibt es andere Preislisten.
▪ **bulk discount**	**Mengenrabatt**
▪ **buy** Somebody bought the last six glasses this morning.	**(ein)kaufen** Heute Morgen hat jemand die letzten sechs Gläser gekauft.
▪ **buyer**	**(Ein)Käufer(in)**
buying habits	**Kaufgewohnheiten**
▪ **cash buyer**	**Barkäufer(in)**
cash desk No customer should have to queue for longer than three minutes at the cash desk.	**Kasse(nschalter)** Kein Kunde sollte länger als drei Minuten an der Kasse Schlange stehen müssen.
cash discount	**Skonto**
▪ **cashier** We have vacancies for cashiers.	**Kassierer(in)** Bei uns sind mehrere Stellen für Kassierer(innen) frei.
cash register They still have a huge old-fashioned cash register.	**(Registrier)Kasse** Sie haben noch eine riesige, altmodische Kasse.
▪ **chain store** It's a well-known Australian chain store.	**Ladenkette** Der Laden gehört zu einer bekannten australischen Ladenkette.
▪ **charge card** They've raised the credit on my charge card by £1,000.	**Kundenkreditkarte** Sie haben den Kreditrahmen auf meiner Kundenkreditkarte um £ 1.000 erhöht.
▪ **cheap** Potatoes are going cheap at the moment.	**billig, preiswert** Kartoffeln sind zurzeit billig zu haben.
clearance sale I bought it at B&T's clearance sale.	**Räumungsverkauf** Ich habe es beim Räumungsverkauf von B&T gekauft.
▪ **client**	**Kunde, Kundin**

▪	**closing-down sale, winding-up sale**	**Ausverkauf wegen Geschäftsaufgabe**
	conditions of sale	**Verkaufsbedingungen**
▪	**consumer** We're carrying out a survey on consumer buying patterns.	**Konsument(in), Verbraucher(in)** Wir machen eine Umfrage über das Kaufverhalten von Konsumenten.
	consumerism	**Konsumdenken**
	consumer price index	**Verbraucherpreisindex**
▪	**Consumers' Association** You could ask the Consumers' Association for advice.	**Verbraucherverband** Sie könnten den Verbraucherverband um Rat fragen.
	consumer watchdog	**Verbraucherüberwachungsorganisation**
	consumption Beef consumption has risen in recent months.	**Konsum, Verbrauch** Der Rindfleischkonsum ist in den letzten Monaten gestiegen.
	cost price	**Selbstkostenpreis**
▪	**– at cost**	**– zum Selbstkostenpreis**
	credit note Would you like a credit note or your money back?	**Gutschein, Gutschrift** Hätten Sie gern einen Gutschein oder das Geld zurück?
▪	**customer** Remember: the customer is always right.	**Kunde, Kundin** Nicht vergessen: Der Kunde hat immer Recht.
	customer care I don't think much of their customer care.	**Kundenbetreuung** Ich halte nicht viel von ihrer Kundenbetreuung.
	customer services I'll put you through to customer services.	**Kundendienst(abteilung)** Ich verbinde Sie mit dem Kundendienst.
	customize You can have the kitchen customized at extra cost.	**maßschneidern, den Kundenwünschen anpassen** Gegen Aufpreis wird die Küche Ihren Wünschen angepasst.

▪ **cut-price** There are lots of cut-price offers on at the sports shop.	**verbilligt, Billig...** Es gibt jede Menge Billigangebote im Sportgeschäft.
▪ **department store** The furniture business was bought up by a department store chain.	**Kaufhaus, Warenhaus** Das Möbelhaus wurde von einer Kaufhauskette aufgekauft.
deposit	**Anzahlung**
discount **– at a discount** What kind of discount can you give me?	**Rabatt, Preisnachlass** **– mit Rabatt** Was für einen Rabatt können Sie mir geben?
EFTPOS (= electronic funds transfer at point of sale)	**elektronische Geldüberweisung an der Verkaufsstelle**
end-of-line goods	**Auslaufware** *sg.*
▪ **expensive**	**teuer**
factory outlet	**Factory-Outlet-Zentrum** *(Direktverkauf des Herstellers)*
▪ **free (of charge)** The bucket came free (of charge).	**frei, gratis, kostenlos** Der Eimer war gratis dabei.
▪ **good value** It's good value for money.	**günstig, preiswert** Das Preis-Leistungs-Verhältnis ist gut.
haggle You don't haggle over prices in department stores.	**feilschen** Man feilscht in Warenhäusern nicht um den Preis.
hard sell	**energische/aggressive Verkaufsstrategie**
hypermarket They're building another out-of-town hypermarket.	**Großmarkt** Sie bauen einen weiteren Großmarkt auf der grünen Wiese.
impulse buying	**Impulskäufe** *pl.*, **Spontankäufe** *pl.*
inexpensive	**billig**

▪ **item** All items are reduced by 25%.	**Artikel** Alle Artikel sind um 25% herabgesetzt.
Internet buyer	**Internetkäufer(in)**
▪ **introductory offer**	**Einführungsangebot**
knockdown price They were selling off their remaining stock at knockdown prices.	**Schleuderpreis** Sie haben ihren Restbestand zu Schleuderpreisen verkauft.
▪ **label**	**Etikett**
late-night opening It's late-night opening every night here.	**Dienstleistungsabend** Hier ist jeden Abend Dienstleistungsabend.
mail order ▪ **– mail order catalogue** (*Am.* **catalog**)	**Versandbestellung** **– Versandkatalog**
major customer	**Großkunde, Großkundin**
mark-down	**Preissenkung**
mark-up	**Preiserhöhung, Preisaufschlag**
multiple buyer	**Mehrfachkäufer(in)**
obligation to buy There's no obligation whatsoever to buy.	**Kaufzwang** Es besteht überhaupt kein Kaufzwang.
offer It was an offer I couldn't refuse.	**Angebot** Es war ein Angebot, das ich nicht abschlagen konnte.
ONO (= or near/nearest offer) Price: £160,000 ONO	**oder das nächstbeste Angebot** Verhandlungsbasis: £ 160.000
▪ **overcharge** I think I've been overcharged.	**zu viel berechnen** Ich glaube, man hat mir zu viel berechnet.
part exchange	**Kauf unter Inzahlungnahme**
▪ **pay** Have you paid yet?	**zahlen** Haben Sie schon gezahlt?

▪ **pay for** How much did you pay for your car in Italy?	**bezahlen** Was haben Sie für das Auto in Italien bezahlt?
potential customer	**Interessent(in)**
▪ **price** Prices are going up steadily.	**Preis** Die Preise steigen ständig.
price cut	**Preissenkung**
price range What sort of price range are you looking at?	**Preisbereich, Preisspanne** Was für eine Preisspanne haben Sie im Sinn?
price tag It had the wrong price tag on it, but they gave it to me at the lower price.	**Preisschild** Es hatte das falsche Preisschild, aber sie haben es mir zum niedrigeren Preis gegeben.
prospect	**potentielle(r) Kunde/Kundin**
▪ **purchase** *s.* Most purchases are made by regular customers.	**(An)Kauf** Die meisten Käufe werden von Stammkunden getätigt.
purchase *v.*	**kaufen, anschaffen**
purchase price	**Einkaufspreis**
▪ **purchasing power** Average purchasing power has doubled over the last decade.	**Kaufkraft** Die durchschnittliche Kaufkraft hat sich während des letzten Jahrzehnts verdoppelt.
▪ **receipt** I'm afraid we can't exchange it without a receipt.	**Quittung** Wir können es leider ohne Quittung nicht umtauschen.
refund *s.* We can replace the article or give you a refund.	**Rückerstattung** Wir können die Ware austauschen oder Ihnen eine Rückerstattung geben.
refund *v.* We'll gladly refund the difference.	**rückerstatten** Die Differenz wird Ihnen gerne rückerstattet.
repeat buyer	**Wiederholungskäufer(in)**

	repeat order We got a lot of repeat orders for that book.	**Nachbestellung** Wir bekamen viele Nachbestellungen für das Buch.
	resale value	**Wiederverkaufswert**
	returned goods, returns	**Rückwaren, zurückgesandte Waren**
	rock-bottom price	**Tiefstpreis**
▪	**sale**	**Verkauf**
▪	**– for sale**	**– zu verkaufen**
▪	**sales** Sales of the new model have exceeded expectations.	**Absatz** *sg.*, **Verkaufszahlen** Die Verkaufszahlen für das neue Modell haben die Erwartungen übertroffen.
▪	**sales department**	**Verkauf(sabteilung)**
	sales drive	**Verkaufsaktion, Verkaufskampagne**
	(sales) outlet We have outlets in every major city.	**Verkaufsstelle** Wir haben Verkaufsstellen in jeder größeren Stadt.
	satisfy the demand for sth.	**den Bedarf an etw. decken**
▪	**sell** The fluffy animals are selling well.	**1. verkaufen** **2. sich verkaufen** Die Plüschtiere verkaufen sich gut.
▪	**sell-by date**	**Mindesthaltbarkeitsdatum**
	sell off	**abstoßen, verkaufen**
	shelf life Caviare has a limited shelf life.	**Haltbarkeit** Kaviar hat eine begrenzte Haltbarkeit.
▪	**shopper** Shoppers were queuing up from six in the morning.	**Käufer(in)** Die Käufer standen ab sechs Uhr morgens Schlange.
	shopping How often do you do food shopping?	**einkaufen, shopping** Wie oft kaufen Sie Lebensmittel ein?
▪	**shopping mall** Shopping malls are now being built virtually everywhere.	**Einkaufszentrum** Einkaufszentren werden jetzt fast überall gebaut.

showroom	**Ausstellungsraum**
▪ **sold out** The CD sold out within hours.	**ausverkauft** Die CD war innerhalb weniger Stunden ausverkauft.
▪ **special offer**	**Sonderangebot**
▪ **spend**	**ausgeben**
stock: in stock **– out of stock** I'm sorry, but we're out of stock.	**vorrätig** **– nicht vorrätig** Tut mir Leid, aber das haben wir nicht vorrätig.
superstore I don't like shopping in superstores.	**großer Verbrauchermarkt** Ich kaufe ungern in den großen Verbrauchermärkten ein.
telesales	**Telefonverkauf** *sg.*, **Televerkauf** *sg.*
teleshopping More and more consumers are switching to teleshopping.	**Teleshopping** Mehr und mehr Kunden gehen auf Teleshopping über.
▪ **till** They never have enough tills open.	**Kasse** Sie haben nie genügend Kassen offen.
use-by date I should have checked the use-by date.	**Haltbarkeitsdatum** Ich hätte auf das Haltbarkeitsdatum achten sollen.
▪ **user-friendly**	**benutzerfreundlich**
window display	**Schaufensterauslage**

5 Werbung und Marketing

5.1 Werbung

▪ **ad, advert, advertisement**	**Anzeige, Annonce, Werbespot**
How much would a full-page advertisement in "The Times" cost?	Wie viel würde eine ganzseitige Anzeige in der „Times" kosten?
adman	**Werbefachmann, Werbefritze** *F*
▪ **advertise**	**werben, Werbung treiben, werben für**
advertiser	**Inserent(in)**
▪ **advertising** They were criticized for misleading advertising.	**Werbung, Reklame** Sie wurden wegen irreführender Werbung kritisiert.
advertising agency	**Werbeagentur**
advertising campaign	**Werbekampagne**
advertising leaflet	**Werbeprospekt**
advertising manager	**Werbeleiter(in)**
advertising rates Could you fax me your advertising rates?	**Anzeigentarife** Könnten Sie mir Ihre Anzeigentarife faxen?
advertising space	**Anzeigenraum**
Advertising Standards Authority *Br.*	**Behörde für Werbeethik,** *etwaige Entsprechung:* **Deutscher Werbeausschuss**
artwork	**Bildmaterial**
attribute	**Eigenschaft**

▪ **audience ratings** The higher the audience ratings, the more expensive the commercial.	**Einschaltquoten** Je höher die Einschaltquoten, desto teurer der Werbespot.
billboard The road from the airport is lined with billboards.	**Reklametafel** Die Straße vom Flughafen hierher ist von Reklametafeln gesäumt.
billboard advertising	**Anschlagwerbung**
blurb I always read the blurb on the cover before I buy a book.	**Klappentext, Waschzettel** *F* Ich lese immer den Klappentext, bevor ich ein Buch kaufe.
body copy	**Fließtext**
▪ **campaign** They're planning to launch a major advertising campaign in the summer.	**Initiative, Kampagne** Sie planen, im Sommer eine massive Werbekampagne einzuleiten.
caption text	**Bildunterschrift**
▪ **circulation** Circulation has doubled over the last year.	**Auflage** Die Auflage hat sich im Verlauf des letzten Jahres verdoppelt.
▪ **classified ad/advertisement**	**Kleinanzeige, Inserat**
closing date The closing date for ads for the November issue is October 10th.	**Einsendeschluss, Anzeigenschluss, Annahmeschluss** Annahmeschluss für Anzeigen für die Novemberausgabe ist der 10. Oktober.
▪ **commercial** I never watch the commercials.	**Werbung** Ich schaue mir nie die Werbung an.
commercial photographer	**Werbefotograf(in)**
copy She writes brilliant copy.	**Werbetext** Sie schreibt brillante Werbetexte.

copywriter The literature prize-winner is a former copywriter.	**Werbetexter(in)** Die Literaturpreisgewinnerin ist eine ehemalige Werbe-texterin.
direct mail	**Postwurfsendung**
direct marketing	**Direktmarketing**
display advertising	**Großanzeigen** *pl.*
double-page spread	**doppelseitige Anzeige**
feature Which features are we going to highlight?	**Eigenschaft, Merkmal** Welche Eigenschaften wollen wir herausstellen?
freebie *F* People won't come if there aren't any freebies.	**Werbegeschenk** Die Leute werden nicht kommen, wenn es keine Werbegeschenke gibt.
freesheet	**Anzeigenblatt**
gatefold	**faltbare Seite**
▪ **gimmick**	**Werbetrick, Gag**
hoarding There are advertising hoardings all the way from the shopping centre.	**Reklamefläche, Plakatwand** Der Weg vom Einkaufs-zentrum hierher ist von Plakatwänden gesäumt.
household name: be a household name	**ein Begriff sein**
hype People must be getting fed up with all the hype.	**Werberummel** Die Leute müssen doch des ganzen Werberummels überdrüssig sein.
insert We're going to have a colour insert in this week's "Sunday Times".	**Beilage** Wir werden in der „Sunday Times" von dieser Woche eine Farbbeilage haben.
▪ **jingle**	**Erkennungsmelodie**
line rate	**Zeilenpreis**
mailing list	**Verteiler, Adressenliste**
▪ **mailshot**	**Direktwerbung**
mass media	**Massenmedien**

	media The media has/have reported the results.	**Medien** Die Medien haben die Ergebnisse veröffentlicht.
	media coverage The media coverage of the launch wasn't exactly positive.	**Medienberichterstattung** Die Medienberichterstattung über die Lancierung war nicht gerade positiv.
	media event	**Medienereignis**
▪	**photocall**	**Fototermin**
▪	**place an ad** They've placed an ad in all the national papers.	**eine Anzeige schalten** Sie haben in allen überregionalen Zeitungen eine Anzeige geschaltet.
	plug *s. F* It was clearly a plug for the new product.	**Schleichwerbung** Es war eindeutig ein Fall von Schleichwerbung für das neue Produkt.
	plug *v. F*	**werben für**
	poster	**Plakat**
	PR agency	**Werbeagentur**
▪	**PR department**	**PR-Abteilung**
	PR exercise It was a very successful PR exercise.	**PR-Einsatz** Es war ein sehr erfolgreicher PR-Einsatz.
	PR officer, public relations officer	**Pressesprecher(in)**
▪	**press** A photo of the new model was leaked to the press.	**Presse** Der Presse wurde ein Foto des neuen Modells zugespielt.
	press folder	**Pressemappe**
	press launch	**Pressevorstellung**
▪	**press officer**	**Pressesprecher(in), Pressereferent(in)**
▪	**press release**	**Pressemitteilung**

▪ **prime time** The advert is going to be shown at prime time.	**Hauptsendezeit** Der Werbespot wird während der Hauptsendezeit ausgestrahlt.
promotion	**Werbung**
promotional It's a promotional campaign for the new scent.	**werbend, verkaufsfördernd** Es ist eine Werbekampagne für das neue Parfum.
public opinion	**die öffentliche Meinung**
▪ **public relations, PR** It isn't good for public relations.	**Öffentlichkeitsarbeit, Public Relations, PR** Es ist für die PR nicht gut.
▪ **publicity** It was bad publicity for the car.	**Werbung** Es war eine schlechte Werbung für das Auto.
publicity stunt The publicity stunt didn't quite come off.	**Werbegag** Der Werbegag ist nicht ganz geglückt.
rate card	**Anzeigenpreisliste**
ratings The higher the ratings, the more you pay for a commercial.	**Einschaltquoten** Je höher die Einschaltquoten, desto mehr bezahlt man für einen Werbespot.
run an ad	**ein Werbespot zeigen/ schalten**
showcard	**Aufstellplakat, Schaufensterplakat**
solus	**alleinstehende Anzeige**
space selling I'm now responsible for space selling.	**Anzeigenverkauf** Ich bin jetzt für den Anzeigenverkauf verantwortlich.
sponsor *s.* The sponsors are providing T-shirts with the company logo printed on them.	**Sponsor, Förderer, Förderin** Die Sponsoren stellen T-Shirts mit aufgedrucktem Firmenzeichen zur Verfügung.
▪ **sponsor** *v.*	**sponsern, unterstützen**
sponsorship	**Sponsoring**

subliminal advertising	**unterschwellige Werbung**
tagline It's a smart tagline.	**Schlusswort** Es ist ein cleveres Schlusswort.
▪ **target audience/group**	**Zielgruppe**
teaser	**Rätselreklame**
▪ **trademark** It's one of the world's most famous trademarks.	**Warenzeichen, Markenzeichen** Es ist eines der berühmtesten Warenzeichen der Welt.
unique selling point/ proposition, USP	**einmaliges Verkaufsargument**
word-of-mouth advertising Word-of-mouth advertising is the cheapest form of publicity.	**Mund-zu-Mund-Werbung** Mund-zu-Mund-Werbung ist die billigste Art der Werbung.

5.2 Wettbewerb und Marketing

▪ **brand** Most motorists aren't worried about the brand of petrol they use.	**Marke** Den meisten Autofahrern ist es egal, welche Benzinmarke sie benutzen.
brand awareness It's a campaign to promote brand awareness.	**Markenbewusstsein** Es ist eine Kampagne, um das Markenbewusstsein zu stärken.
branded product	**Markenartikel**
brand image Their brand image has suffered from the documentary.	**Markenimage** Ihr Markenimage hat auf Grund der Dokumentarsendung gelitten.
brand leader	**Spitzenmarke, Markenführer**
brand loyalty	**Markentreue**
▪ **brand name**	**Markenname; Gütezeichen**
brand reinforcement	**Verstärkung des Markenprofils**
brand value	**Markenwert**

	break into a market It will be impossible to break into that market.	**in einen Markt eindringen** Es wird unmöglich sein, in diesen Markt einzudringen.
	captive market	**Markt eines monopolistischen Anbieters**
	cold calling	**unangemeldete (Vertreter-/Werbe-)Anrufe**
▪	**competition** **– cutthroat competition** **– predatory competition** **– stiff/strong/tough competition**	**Wettbewerb** **– Vernichtungswettbewerb** **– Verdrängungswettbewerb** **– scharfer Wettbewerb**
▪	**competitive** **– competitive advantage** **– competitive: have a competitive edge over sb.**	**konkurrenzfähig** **– Wettbewerbsvorteil** **– einen Wettbewerbsvorteil gegenüber j-m haben**
	corner the market	**den Markt beherrschen**
	counterfeit goods The market is flooded with counterfeit goods from the East.	**Imitationsware** *sg.* Der Markt wird mit Imitationsware aus dem Osten überflutet.
▪	**customer base**	**Kundenbestand**
	customer care Customer care is now top priority.	**Kundenbetreuung** Die Kundenbetreuung hat jetzt oberste Priorität.
	customer profile	**Kundenprofil**
	demographics	**Bevölkerungsstatistiken**
	dominate The multinationals are dominating the market.	**beherrschen** Die multinationalen Unternehmen beherrschen den Markt.
	downmarket	**weniger anspruchsvoll**
	drive out Small stores are being driven out by the supermarkets.	**verdrängen** Kleine Läden werden von den Supermärkten verdrängt.

	end-user You've always got to have the end-user in mind.	**Endverbraucher, Endabnehmer** Man muss stets den Endverbraucher vor Augen haben.
	freedom of competition	**Wettbewerbsfreiheit**
	generic product Generic products have been selling well.	**markenloses Produkt, No-Name-Produkt** Markenlose Produkte verkaufen sich gut.
	global marketing	**weltweites Marketing**
▪	**introduce**	**einführen**
▪	**launch** *s.* The launch of the new home robot was an extravagant affair.	**Markteinführung, Lancierung** Die Markteinführung des neuen Heimroboters erfolgte mit verschwenderischem Aufwand.
	launch *v.*	**einführen, auf den Markt bringen, lancieren**
▪	**line-up** Our latest product line-up will be exhibited at the trade fair.	**(Produkt)Palette** Unsere neueste Produktpalette wird auf der Messe ausgestellt sein.
▪	**loss leader**	**Lockangebot**
	luxury goods	**Luxusgüter**
▪	**market** *s.* I'm convinced there's a market for such time-saving devices.	**Markt** Ich bin überzeugt, dass es für so zeitsparende Geräte einen Markt gibt.
	market *v.*	**vertreiben**
▪	**marketable** I don't think an electric hairbrush is a marketable product.	**marktfähig** Ich glaube nicht, dass eine Elektrohaarbürste ein marktfähiges Produkt ist.
	market forces	**Marktkräfte**
▪	**market leader**	**Marktführer**

market niche Our aim is to penetrate that market niche.	**Marktnische, Marktlücke** Unser Ziel ist es, in diese Marktnische einzudringen.
market penetration	**Marktdurchdringung**
▪ **marketplace** This product is aimed at the global marketplace.	**Markt(platz)** Dieses Produkt soll auf dem internationalen Markt verkauft werden.
▪ **market research**	**Marktforschung**
market share We've got to increase our market share.	**Marktanteil** Wir müssen unseren Marktanteil vergrößern.
market value	**Marktwert**
▪ **merchandise** Shopping on the Internet means you can't see the merchandise before buying.	**Waren** *pl.* Internet-Shopping bedeutet, dass man die Waren vor dem Kauf nicht sehen kann.
merchandising	**Merchandising, Verkaufsförderung**
money-spinner *F* The toy turned out to be a real money-spinner.	**Kassenschlager** *F* Das Spielzeug stellte sich als echter Kassenschlager heraus.
multibrand strategy The carmaker is pursuing a clear multibrand strategy.	**Mehrmarkenstrategie** Der Autohersteller verfolgt eine eindeutige Mehrmarkenstrategie.
niche marketing	**Nischen-Marketing, Marketing in Marktlücken**
▪ **opinion poll**	**Meinungsumfrage**
overselling	**übertriebene Verkaufspolitik**
▪ **own brand, own label, own-label brand** Our supermarket own-label brands are selling better than the well-known rivals.	**Eigenmarke, Hausmarke** Unsere Hausmarke verkauft sich besser als die bekannten Marken.

▪ **packaging** Consumers don't like too much packaging.	**Verpackung** Die Verbraucher mögen zu viel Verpackung nicht.
penetrate We've finally managed to penetrate the market.	**eindringen in** Wir haben es endlich geschafft, in den Markt einzudringen.
price-cutting	**Preisdrücken**
▪ **price-fixing** Price-fixing is keeping prices unnecessarily high.	**Preisfestsetzung, Preisabsprache** Preisabsprachen halten die Preise unnötig hoch.
price oneself out of the market	**sich durch zu hohe Preise konkurrenzunfähig machen**
pricing policy	**Preis(festsetzungs)politik**
product The product has to be right for the market.	**Produkt, Ware** Das Produkt muss marktgerecht sein.
product awareness	**Produktbekanntheit**
product launch	**Produkteinführung**
product range	**Produktpalette**
▪ **product recall**	**Produktrückruf**
push up prices Some telecom companies are trying to push up prices.	**Preise hochtreiben** Manche Telekom-Gesellschaften versuchen, die Preise hochzutreiben.
▪ **questionnaire** We would be grateful if you could take a few minutes to fill in this questionnaire.	**Fragebogen** Wir wären Ihnen dankbar, wenn Sie sich ein paar Minuten Zeit nehmen könnten, um diesen Fragebogen auszufüllen.
▪ **range** Following the takeover, BMB now have a wide range of products.	**Auswahl, Sortiment** Nach der Übernahme hat BMB nun eine breite Produktpalette.

recall The car had to be recalled due to a fault in the brake system.	**zurückrufen** Das Auto musste wegen eines Defekts in der Bremsanlage zurückgerufen werden.
record sales DVD players have enjoyed record sales in the first half of the year.	**Rekordabsatz** *sg.* DVD-Spieler haben im ersten Halbjahr einen Rekordabsatz verzeichnet.
reply-paid envelope Please return your completed questionnaire in the enclosed reply-paid envelope.	**Freiumschlag** Bitte den ausgefüllten Fragebogen im beiliegenden Freiumschlag zurücksenden.
reply-paid postcard	**Rückantwortkarte**
▪ **rival** **– rival company/firm**	**Konkurrent** **– Konkurrenzfirma**
sales Video sales have suffered a sharp drop.	**Verkauf** *sg.* Die Verkaufzahlen von Videos sind stark zurückgegangen.
▪ **sales figures**	**Absatzzahlen**
sales manager	**Verkaufsleiter(in), Vertriebsleiter(in)**
sales pitch	**Verkaufsargument, Verkaufsmasche** *F*
▪ **sample** We'll send some samples out to you today.	**(Handels)Muster** Wir schicken heute einige Muster an Sie.
saturate The market was very quickly saturated.	**sättigen** Der Markt war sehr schnell gesättigt.
service Service is regarded as extremely important in Japan.	**Dienstleistung(en** *pl.***), Serviceleistung(en** *pl.***)** Dienstleistungen werden in Japan für extrem wichtig erachtet.
▪ **service industry**	**Dienstleistungsindustrie**
▪ **share: market share, share of the market**	**Marktanteil**

slice of the market	**Marktanteil**
sole agent She's our sole agent in the Ukraine.	**Alleinvertreter(in)** Sie ist unsere Alleinvertreterin in der Ukraine.
▪ **spokes(wo)man, spokesperson**	**Sprecher(in)**
▪ **survey** Customer surveys are crucial to assessing market requirements.	**Umfrage** Kundenumfragen sind für die Einschätzung der Marktbedürfnisse äußerst wichtig.
target market	**Zielmarkt**
top end of the market The new motorcycle is aimed at the top end of the market.	**oberer Marktbereich** Das neue Motorrad zielt auf das obere Marktsegment ab.
Trade Descriptions Act *Br.*	***Gesetz über wahrheitsgemäße Angaben auf Waren und Verpackung***
trade name	**Markenname**
trend The trend is towards smaller homes and cars.	**Trend, Tendenz** Die Tendenz geht in Richtung kleinere Wohnungen und Autos.
trend analyst	**Trendforscher(in)**
▪ **undercut** Prices are very low because the competitors are trying to undercut each other.	*Konkurrent:* **unterbieten, unterschreiten** Die Preise sind sehr niedrig, weil die Konkurrenten versuchen, sich gegenseitig zu unterbieten.
underpriced	**unterbewertet**
undersell They're underselling in an attempt to drive their rivals out.	**unter Wert verkaufen** Sie verkaufen unter Wert, in dem Bestreben, die Konkurrenz zu verdrängen.
underselling	**Preisunterbietung**
upmarket	**anspruchsvoll, gehoben**
value added	**Wertschöpfung**

value for money This mobile is extremely good value for money.	**Preis-Leistungs-Verhältnis** Das Preis-Leistungs-Verhältnis von diesem Handy ist äußerst gut.
▪ **warranty** Most cars come with a three-year warranty.	**Garantie** Die meisten Autos haben eine dreijährige Garantie.
win	*Kunden:* **werben**

5.3 Messen und Ausstellungen

agricultural show	**Agrarmesse**
▪ **attendance** Attendance at the fair is going up from year to year.	**Besucherzahl(en** *pl.*) Die Besucherzahlen auf der Messe steigen von Jahr zu Jahr.
booth	**Messestand**
▪ **brochure**	**Prospekt, Broschüre**
build a stand It took them a week to build the stand.	**einen Messestand aufbauen** Sie brauchten eine Woche, um den Messestand aufzubauen.
carrier bags	**Tragetaschen**
catalogue, *Am.* **catalog**	**Katalog**
▪ **debut, premiere** Several new models were making their debut at the Geneva Motor Show.	**Debüt** Mehrere neue Modelle gaben auf dem Genfer Salon ihr Debüt.
▪ **exhibition centre** (*Am.* **center**) The new exhibition centre is about five minutes walk from the station.	**Ausstellungszentrum** Das neue Ausstellungszentrum ist zu Fuß fünf Minuten vom Bahnhof entfernt.
exhibition grounds	**Messegelände** *sg.*
exhibition space How much exhibition space would you like to reserve?	**Ausstellungsfläche** Wie viel Ausstellungsfläche möchten Sie reservieren?
▪ **exhibition stand**	**Messestand**
▪ **exhibitor**	**Aussteller(in)**

giveaway	**Werbegeschenk**
hall You'll find us on Stand 5A in Hall 2.	**Halle** Sie finden uns auf dem Stand 5A in Halle 2.
hospitality suite I'll see you in the hospitality suite at 10.	**Hospitality** Wir sehen uns um 10 in der Hospitality.
lighting	**Beleuchtung**
list of exhibitors	**Ausstellerverzeichnis**
motor show	**Automobilausstellung**
partition I think a partition would improve the look.	**Aufteilung** Ich finde, eine Aufteilung würde das Aussehen verbessern.
promotional material	**Werbematerial**
▪ **trade fair/show**	**Handelsmesse, Fachmesse**
turntable	**Drehscheibe**
unveiling The press were crowding around the TCW stand for the unveiling of their latest model.	**Vorstellung** Die Presse hatte sich zur Vorstellung des neuesten Modells um den TCW-Stand gedrängt.
world exposition	**Weltausstellung**
world first There were an astonishing number of world firsts at the Photokina.	**Weltneuheit** Auf der Photokina gab es eine erstaunliche Anzahl von Weltneuheiten.

6 Arbeitswelt

6.1 Personalwesen

absenteeism Absenteeism is a growing problem for many companies.	**Absentismus, Krankfeiern** *F* Krankfeiern ist für viele Firmen ein wachsendes Problem.
across-the-board There's to be an across-the-board pay increase.	**allgemein, pauschal, global** Es soll eine allgemeine Gehaltserhöhung geben.
advancement There are no prospects of advancement in this job.	**Beförderung, Aufstieg** Es gibt in diesem Job keine Aufstiegschancen.
affirmative action *Am.*	**positive Diskriminierung, Chancengleichheit**
▪ **appraisal** The manager has to give an appraisal of her department's employees every six months.	**Beurteilung, Begutachtung** Die Managerin muss alle sechs Monate eine Beurteilung ihrer Mitarbeiter abgeben.
assertiveness Why don't you do an assertiveness course?	**Durchsetzungsvermögen** Warum machst du nicht einen Selbstbehauptungskurs?
▪ **boss: be one's own boss** The great thing about being self-employed is that you are your own boss.	**sein eigener Herr sein** Das Großartige an der selbstständigen Tätigkeit ist, dass man sein eigener Herr ist.

brain drain There's a major brain drain of British scientists to the USA.	**Braindrain, Abwanderung von Wissenschaftlern** Eine Vielzahl von britischen Wissenschaftlern wandert in die USA ab.
▪ **bullying** There are laws against bullying at the workplace.	**Mobbing** Es gibt Gesetze gegen Mobbing am Arbeitsplatz.
business lunch Our business lunch lasted more than three hours.	**Geschäftsessen** Unser Geschäftsessen dauerte über drei Stunden.
clerical work Do you find this clerical work boring?	**Schreibarbeit, Büroarbeit** Finden Sie diese Schreibarbeit langweilig?
cottage industry There is a lot of cottage industry in that part of Canada.	**Heimindustrie** In diesem Gebiet von Kanada gibt es viel Heimindustrie.
demote	**zurückstufen, tariflich niedriger einstufen**
department, *Abk.* **dept** Which department do you work for?	**Abteilung,** *Abk.* **Abt.** Für welche Abteilung arbeiten Sie?
divisional director (*od.* **head)**	**Bereichsleiter(in)**
downsizing Downsizing is the only solution for some companies.	**Abbau, Personalkürzung, Verkleinerung** Personalkürzung ist für manche Firmen die einzige Lösung.
▪ **equal opportunities** We are an equal opportunities employer.	**Chancengleichheit** *sg.* Wir praktizieren als Arbeitgeber die Chancengleichheit.
▪ **executive stress** She thinks it's a case of executive stress.	**Managerkrankheit** Sie glaubt, es ist ein Fall von Managerkrankheit.

	fast: be on the fast track She's on the fast track to becoming a top executive.	**schnell Karriere machen** Sie ist auf dem besten Weg, schnell eine Führungskraft zu werden.
	fill in for sb. Rick is off sick – do you think you could fill in for him?	**für j-n einspringen** Rick ist krankgeschrieben – könntest du wohl für ihn einspringen?
	fire regulations The fire regulations are posted on every office door.	**Brandschutzvorschriften** Die Brandschutzvorschriften sind an jeder Bürotür ausgehängt.
▪	**fixed-term contract**	**zeitlich befristeter Vertrag**
	grievance You should take your grievances to the personnel manager.	**Beschwerde** Sie sollten mit Ihren Beschwerden zur Personalchefin gehen.
	hand over I hand over at the end of the month.	**übergeben (meinen Posten)** Ich übergebe meinen Posten Ende des Monats.
	hands-on He's a very hands-on manager – he likes to be involved in everything.	**praktisch** Er ist ein sehr praktisch eingestellter Manager – er möchte gerne über alles informiert werden.
	harassment	**Schikanierung**
▪	**health and safety** Health and safety regulations are getting more and more strict.	**Gesundheit und Sicherheit** Die Gesundheits- und Sicherheitsvorschriften werden immer strenger.
	high-calibre, *Am.* **high-caliber** We're getting a high-calibre financial controller from Australia.	**hochkarätig** Wir bekommen einen hochkarätigen Controller aus Australien.
	hot-desking	**Hotdesking** (das Arbeiten an verschiedenen Schreibtischen, Arbeitsplätzen usw. je nach Bedarf)

▪ **human resources**	**Arbeitskräfte, Humankapital** *sg.*, **Personal** *sg.*
human resources management	**Personalmanagement**
▪ **ID (card)**	**Ausweis(karte), Personalausweis**
They won't let you in without an ID.	Die werden dich ohne Ausweis nicht hineinlassen.
▪ **incentive**	**(Leistungs)Anreiz**
I think work incentives are an excellent idea.	Ich finde Arbeitsanreize eine hervorragende Idee.
▪ **incompetence**	**Unfähigkeit, Inkompetenz**
She was dismissed on grounds of incompetence.	Sie wurde wegen Unfähigkeit entlassen.
▪ **inventory**	**1. Inventur, Bestandsaufnahme** **2. Inventar, Lagerbestand**
We have to take an inventory every six months.	Wir müssen alle sechs Monate Inventur machen.
labour-intensive, *Am.* **labor-intensive**	**arbeitsintensiv**
lateral thinking	**laterales Denken, Querdenken**
It's a job that demands lateral thinking.	Es ist eine Stelle, die laterales Denken voraussetzt.
learning curve	**Lernkurve** (*der Zeitraum, den man benötigt oder auch der Aufwand, den man betreiben muss, um sich in Neues einzuarbeiten)*
It's going to be a steep learning curve.	Es wird eine steile Lernkurve werden.
▪ **liaise (with)**	**sich in Verbindung setzen (mit), zusammenarbeiten (mit)**
They liaise closely with the dealers.	Sie arbeiten eng mit den Händlern zusammen.

	liaison	**Verbindung, Zusammenarbeit**
▪	**malingerer**	**Simulant(in), Scheinkranke(r)**
▪	**manage** You will be managing a department of twelve.	**leiten, führen, managen** Sie werden eine Abteilung von zwölf Mitarbeitern leiten.
	management reshuffle He was demoted in the management reshuffle.	**Leitungsumstrukturierung** Er wurde bei der Leitungsumstrukturierung heruntergestuft.
▪	**manpower** What is the company's manpower policy?	**Personalbestand** Was hat die Firma für eine Beschäftigungspolitik?
	manpower costs	**Lohnkosten**
▪	**manual work**	**körperliche Arbeit**
▪	**MBA (= Master of Business Administration)** She's an MBA/She has an MBA.	**Magister der Betriebswirtschaft** Sie ist (studierte) Betriebswirtin.
	mediation	**Schlichtung, Vermittlung**
▪	**mediator** We have called in a mediator who will deal with the conflict.	**Vermittler(in), Mittelsmann** Wir haben eine Vermittlerin einberufen, die sich mit dem Problem befassen wird.
	menial job	**untergeordnete Tätigkeit**
	moonlighting *F* If they find out you're moonlighting, you'll lose your job.	**Schwarzarbeit** Wenn die herausfinden, dass du Schwarzarbeit betreibst, verlierst du deine Stelle.
▪	**notice: hand in one's notice** After that humiliation I handed in my notice straightaway.	**kündigen** Nach dieser Demütigung habe ich sofort gekündigt.
▪	**occupational hazard**	**Berufsrisiko**
	odd jobs He enjoys doing odd jobs in retirement.	**Gelegenheitsarbeit** *sg.* Er genießt es, im Ruhestand Gelegenheitsarbeit zu machen.

▪ **office job** I'm not cut out for an office job.	**Bürotätigkeit, Büroarbeit** Ich bin für Büroarbeit nicht geeignet.
oversee We are asking you to oversee the entire project.	**beaufsichtigen** Wir beauftragen Sie mit der Beaufsichtigung des gesamten Projekts.
overstaffed The department is currently overstaffed.	**überbesetzt** Die Abteilung ist momentan überbesetzt.
overwork The Japanese have a word for death from overwork.	**Überarbeitung** Die Japaner haben ein Wort für den Tod durch Überarbeitung.
people person	**kontaktfreudige Person**
▪ **personal file** I'm afraid you don't have access to your personal file.	**Personalakte** Sie können Ihre Personalakte leider nicht einsehen.
▪ **personnel** All personnel are being asked to come in to work at the weekend.	**Belegschaft, Personal** Das gesamte Personal wird gebeten, am Wochenende zur Arbeit zu kommen.
personnel (department) I work in personnel.	**Personalabteilung** Ich arbeite in der Personalabteilung.
personnel management	**Personalführung**
▪ **personnel manager**	**Personalchef(in), Personalleiter(in)**
▪ **post** Congratulations on your new post!	**(Arbeits)Stelle** Herzlichen Glückwunsch zu Ihrer neuen Stelle!
▪ **predecessor** My predecessor left his department in chaos.	**Vorgänger(in)** Mein Vorgänger hat seine Abteilung in chaotischem Zustand hinterlassen.

	presenteeism	***das Gegenteil von Krankfeiern, d. h. die Angst, seine Stelle zu verlieren, wenn man nicht außerordentlich viel Zeit am Arbeitsplatz verbringt***
▪	**profession** Have you thought of a profession in accounting?	**Beruf** Haben Sie schon an einen Beruf im Rechnungswesen gedacht?
▪	**progress report**	**Arbeitsfortschrittsbericht**
	promote	**befördern**
▪	**promotion** I've waited five years for this promotion.	**Beförderung** Ich habe fünf Jahre auf diese Beförderung gewartet.
	quota: daily quota As soon as I've done my daily quota, I'm going home.	**Tagespensum** Sobald ich mein Tagespensum erledigt habe, gehe ich nach Hause.
▪	**recruit** Software companies are busy recruiting graduates.	**einstellen** Software-Firmen stellen zurzeit viele Hochschulabsolventen ein.
	recruitment drive	**Anwerbungskampagne**
▪	**replacement** I'm Mrs Short's replacement.	**Vertretung** Ich bin die Vertretung für Frau Short.
	report to sb. We all have to report to the divisional head.	**j-m unterstehen** Wir unterstehen alle dem Bereichsleiter.
	research	**Forschung**
▪	**responsibility** Whose responsibility are the archives?	**Verantwortung, Verantwortlichkeit** Wer ist für das Archiv verantwortlich?
▪	**responsible**	**zuständig**
	rules and regulations	**Vorschriften**

safety at work Safety at work should be taken seriously.	**Sicherheit am Arbeitsplatz** Die Sicherheit am Arbeitsplatz sollte ernst genommen werden.
safety regulations	**Sicherheitsbestimmungen**
secretarial work	**Sekretariatsarbeit**
sex discrimination	**sexuelle Diskriminierung**
sexual harassment He was accused by several employees of sexual harassment.	**sexuelle Belästigung** Er wurde von mehreren Angestellten der sexuellen Belästigung bezichtigt.
shed jobs	**Arbeitsplätze einsparen**
shirker He isn't ill – he's just a shirker.	**Drückeberger(in)** Er ist doch nicht krank – er ist bloß ein Drückeberger.
short-staffed: be short-staffed	**unter Personalmangel leiden**
▪ **skeleton staff** *sg. od. pl.* During the strike the company was left with a skeleton staff.	**Stammbelegschaft** Während des Streiks blieb der Firma nur eine Stammbelegschaft.
slim down They say they have to slim down the workforce.	**abspecken** Sie sagen, das Personal müsse abgespeckt werden.
▪ **staff** *sg. od. pl.* Our staff are quite young.	**Belegschaft, Personal, Arbeiterschaft** Unser Personal ist relativ jung.
staff cutbacks, staff cuts	**Personalabbau** *sg.*, **Personalstandsreduzierung** *sg.*
staff shortage	**Personalmangel**
staff turnover	**Personalwechsel**
▪ **stand in for sb.** She's standing in for Mr Nobbs.	**für j-n einspringen** Sie ist für Herrn Nobbs eingesprungen.
staying power We're looking for people with staying power.	**Durchstehvermögen, Durchhaltevermögen** Wir suchen Leute mit Durchhaltevermögen.

▪ **supervise**	**beaufsichtigen**
▪ **task** It's going to be a long-term task.	**Aufgabe** Es wird eine längerfristige Aufgabe sein.
term of office	**Amtsperiode**
think tank	**Denkfabrik**
time and motion study	**Arbeitsplatzstudie**
▪ **transfer** They're going to be transferred to head office.	**versetzen** Sie werden in die Firmenzentrale versetzt.
understaffed	**unterbesetzt**
unprofessional conduct He was reprimanded for unprofessional conduct.	**Verstoß gegen die Standesregeln** Er wurde wegen eines Verstoßes gegen die Standesregeln gerügt.
upgraded: be upgraded	**befördert werden**
upwardly mobile They're a young, upwardly mobile workforce.	**aufstrebend** Es handelt sich um eine junge, aufstrebende Arbeitnehmerschaft.
▪ **work** *s.* What kind of work are you looking for?	**Arbeit** Was für eine Arbeit suchen Sie?
work *v.* I work from nine to five.	**arbeiten** Ich arbeite von neun bis fünf.
work ethic	**Arbeitsethos**
work flat out We're working flat out to meet the deadline.	**auf Hochtouren arbeiten** Wir arbeiten auf Hochtouren, um den Termin einzuhalten.
▪ **workforce**	**Arbeiterschaft, Belegschaft, Personalbestand**
working breakfast/lunch	**Arbeitsfrühstück/-essen**
working life	**Berufsleben**

▪ **workload** Our workload seems to increase all the time.	**Arbeitspensum, Arbeitsbelastung** Das von uns zu erledigende Arbeitspensum scheint ständig zu wachsen.
work permit	**Arbeitserlaubnis**
work stress	**Arbeitsstress**

6.2 Arbeitstag und Urlaub

annual leave Annual leave in the States is far less than in Europe.	**Jahresurlaub** Der Jahresurlaub in den USA ist viel kürzer als in Europa.
▪ **bank holiday** *Br.* It's not just the banks that are closed on a bank holiday.	**gesetzlicher Feiertag** Nicht nur die Banken sind an einem „bank holiday" geschlossen.
▪ **business: on business** I'm afraid she's away on business.	**geschäftlich** Sie ist leider geschäftlich unterwegs.
▪ **business hours, hours of business** Hours of business: Mon – Fri 9.00 – 5.30	**Geschäftszeiten** Geschäftszeiten: Mo. bis Fr. 9.00 – 17.30 Uhr
▪ **business trip** I go on about four business trips a year.	**Dienstreise, Geschäftsreise** Ich mache im Jahr etwa vier Dienstreisen.
clock off What time did you clock off yesterday?	**abstempeln, ausstempeln** Um wie viel Uhr haben Sie sich gestern ausgestempelt?
clock on	**abstempeln, einstempeln**
▪ **commute** Some people commute long distances to work.	**pendeln** Manche Leute pendeln über weite Entfernungen zur Arbeit.
▪ **commuter**	**Pendler**

core hours Core hours are from 9.30 am to 4 pm.	**Kernzeit** *sg.*, **Kernstunden** Die Kernzeit ist von 9.30 bis 16.00 Uhr.
▪ **day off** It's my day off tomorrow.	**arbeitsfreier Tag** Morgen ist mein arbeitsfreier Tag.
day release	*tageweise Freistellung zur beruflichen Fortbildung*
flexible working hours *pl.*, ▪ **flexitime, flextime** Flexitime is a blessing when you've got young children.	**gleitende Arbeitszeit, Gleitzeit** Die Gleitzeit ist ein Segen, wenn man kleine Kinder hat.
▪ **full-time: work full-time**	**ganztägig arbeiten**
full-time employment He's never been in full-time employment.	**Ganztagsbeschäftigung** Er hat noch nie eine Ganztagsbeschäftigung gehabt.
holiday entitlement What is my holiday entitlement?	**Urlaubsanspruch** Welchen Urlaubsanspruch habe ich?
knock off (work) *F* What time do you normally knock off (work)?	**Feierabend machen** Wann machst du normalerweise Feierabend?
▪ **leave** He's on leave for a fortnight.	**Urlaub** Er macht gerade zwei Wochen Urlaub.
legal holiday *Am.*	**gesetzlicher Feiertag**
▪ **maternity leave** How much maternity leave are you entitled to?	**Mutterschaftsurlaub** Wie viel Mutterschaftsurlaub steht Ihnen zu?
▪ **office hours** Our office hours are very flexible.	**Bürostunden, Geschäftszeiten** Unsere Geschäftszeiten sind sehr flexibel.
▪ **overtime** I've done more than 10 hours of overtime this week.	**Überstunden** *pl.* Ich habe diese Woche mehr als 10 Überstunden gemacht.
overtime ban	**Überstundenverbot**

paid leave	**bezahlter Urlaub**
Parkinson's Law: "Work expands to fill the time available for it."	**das Parkinson'sche Gesetz:** *in etwa:* „Man braucht für eine Arbeit immer so lange, wie einem Zeit zur Verfügung steht.“
▪ **part-time** I'm a part-time management consultant.	**Teilzeit…, nebenberuflich** Ich arbeite nebenberuflich als Unternehmensberater.
part-time employment	**Teilzeitbeschäftigung**
paternity leave	**Vaterschaftsurlaub**
▪ **permanent job** I'm not looking for occasional work, I would like a permanent job.	**Dauerposten** Ich suche keine Gelegenheitsarbeit, ich möchte einen Dauerposten haben.
public holiday You have far more public holidays in Germany than we do in this country.	**gesetzlicher Feiertag** Ihr habt in Deutschland weitaus mehr gesetzliche Feiertage als wir hierzulande.
shorter working hours I'd rather earn less and have shorter working hours.	**Arbeitszeitverkürzung** **kürzere Arbeitszeit** Ich würde lieber weniger verdienen und eine kürzere Arbeitszeit haben.
short time We're on short time for two weeks.	**Kurzarbeit** Wir machen für zwei Wochen Kurzarbeit.
sick ▪ **– be off sick** **– be on sick leave** **– sick note**	**krank** **– wegen Krankheit bei der Arbeit fehlen** **– krankgeschrieben sein** **– Krankschreibung**
staggered We have staggered holidays in our department.	**gestaffelt** In unserer Abteilung ist der Urlaub gestaffelt.
▪ **temporary work**	**Aushilfsarbeit**

TGIF (= Thank God it's Friday)	**„Gott sei Dank, dass es Freitag ist."** *(wird humorvoll am Freitag gesagt)*
▪ **time off**	**Freizeit**
vacation Mr Percy is on vacation for the next three weeks.	**Urlaub** Herr Percy hat die nächsten drei Wochen Urlaub.
working atmosphere There's a friendly working atmosphere.	**Arbeitsklima** Es herrscht ein freundliches Arbeitsklima.
working day	**Arbeitstag**
▪ **working hours** What are your working hours like?	**Arbeitszeit** *sg.* Wie sieht deine Arbeitszeit aus?
working week	**Arbeitswoche**
work overtime	**Überstunden machen**
work unsocial hours	**außerhalb der normalen Arbeitszeiten arbeiten**

6.3 Verdienst, Prämien und Spesen

actual earnings	**Effektivlohn** *sg.*
additional earnings Have you put down your additional earnings in your tax return?	**Nebenverdienste** Haben Sie Ihre Nebenverdienste in Ihrer Steuererklärung angegeben?
▪ **advance** They don't like giving advances.	**Vorschuss** Sie geben ungern Vorschüsse.
advance (payment)	**Vorauszahlung, Vorkasse**
average earnings Average earnings in Cuba have gone up marginally.	**Durchschnittsverdienst** *sg.* Der Durchschnittsverdienst in Kuba ist leicht angestiegen.
average wage	**Durchschnittslohn**
▪ **back pay** I'm owed three months' back pay.	**(Lohn)Nachzahlung** Mir steht eine dreimonatige Lohnnachzahlung zu.
▪ **basic wage**	**Grundlohn**

benefit in kind I'd rather be paid than receive benefits in kind.	**Sachleistung** Ich würde lieber ausgezahlt werden, als Sachleistungen zu bekommen.
bonus	**Bonus, Zulage**
Christmas bonus As a freelancer you don't get a Christmas bonus.	**Weihnachtsgeld, Weihnachtsgratifikation** Als Freiberufler bekommt man kein Weihnachtsgeld.
▪ **company car** The new job will mean a smaller company car for me.	**Firmenwagen** Im neuen Job wird es für mich einen kleineren Firmenwagen geben.
double time	**doppelter Tarif** *(für Arbeit an Feiertagen usw.)*
▪ **earn** How much do you earn?	**verdienen** Wie viel verdienst du?
▪ **earnings**	**Einkommen** *sg.*, **Verdienst** *sg.*
easy money	**leicht verdientes Geld**
entertainment allowance We're going to have to reduce the entertainment allowance.	**Bewirtungspauschale** Wir werden die Bewirtungspauschale kürzen müssen.
▪ **equal pay** I believe in equal pay for equal performance.	**gleicher Lohn** Ich glaube an den gleichen Lohn für gleiche Leistung.
▪ **fee** What sort of fees do you charge?	**Gebühr, Honorar** Was für ein Honorar verlangen Sie?
fixed salary	**Festgehalt**
flat rate	**Pauschalsatz, Einheitstarif**
▪ **fringe benefit** All fringe benefits are now taxable.	**(Lohn)Nebenleistung** Alle Nebenleistungen sind jetzt steuerpflichtig.
golden handcuffs	**goldene Handschellen** *(Sonderleistungen, um Manager länger zu halten)*

golden handshake	**hohe Abfindung bei der Entlassung**
golden hello	**Einstellungsprämie**
golden parachute	**sehr hohe Abfindung bei der Entlassung**
gratuity	**Geldzuweisung, Gratifikation**
gross *v.* How much will you gross this year?	**brutto verdienen** Wie viel werden Sie dieses Jahr brutto verdienen?
gross income	**Bruttoeinkommen**
higher-paid: the higher-paid	**die Besserverdienenden**
holiday allowance *Br.*, **vacation bonus** *Am.* Our holiday allowance is going to be cut.	**Urlaubsgeld** Unser Urlaubsgeld wird gekürzt.
hourly wage	**Stundenlohn**
▪ **incentive bonus** Since it introduced incentive bonuses, the company has been doing extremely well.	**Leistungszulage** Seitdem sie Leistungszulagen eingeführt hat, geht es der Firma außerordentlich gut.
incidentals	**Nebenkosten, Nebenausgaben**
income The average income has gone up by 8% over the last two years.	**Einkommen** Das durchschnittliche Einkommen ist in den letzten zwei Jahren um 8% gestiegen.
▪ **income bracket/group**	**Einkommensgruppe**
livelihood How do they earn a livelihood?	**Lebensunterhalt** Wie verdienen sie ihren Lebensunterhalt?
▪ **living: make a living**	**seinen Lebensunterhalt verdienen**
living expenses	**Lebenshaltungskosten**
loss of income Are you insured against loss of income?	**Einkommensausfall** Sind Sie gegen Einkommensausfall versichert?

low-paying job	**niedrig bezahlter Arbeitsplatz**
■ **lump sum** I prefer a lump sum to an hourly fee.	**Pauschale, Pauschalbetrag** Ich ziehe eine Pauschale einem Stundenhonorar vor.
luncheon voucher	**Essensmarke, Essensbon**
■ **minimum wage**	**(gesetzlicher) Mindestlohn**
net income My net income is just over half my gross income.	**Nettoeinkommen** Mein Nettoeinkommen ist knapp mehr als die Hälfte meines Bruttoeinkommens.
■ **old-age pension**	**Rente**
one-off payment	**einmalige Zahlung**
overpaid I don't think I've ever been overpaid.	**überbezahlt** Ich glaube nicht, dass ich jemals überbezahlt worden bin.
■ **overworked and underpaid** *hum.*	**überarbeitet und unterbezahlt**
■ **paid leave** I had to take paid leave to look after my mother.	**bezahlter Urlaub** Ich musste bezahlten Urlaub nehmen, um meine Mutter zu betreuen.
■ **pay** *v.* You will be paid by the hour.	**bezahlen** Sie werden stundenweise bezahlt.
■ **pay** *s.*	**Lohn, Gehalt**
■ **pay cheque** (*Am.* **check**) This is the second time my pay cheque has bounced.	**Gehaltsscheck** Dies ist das zweite Mal, dass mein Gehaltsscheck geplatzt ist.
pay day	**Zahltag**
payment in kind	**Sachleistung**
pay packet	**Lohntüte**
payroll I've been on their payroll for 30 years now.	**Gehaltsliste** Ich gehöre inzwischen 30 Jahre lang zur Belegschaft.

▪ **pay slip**	**Lohnstreifen, Gehaltsabrechnung**
Most pay slips are computer printouts these days.	Die meisten Lohnstreifen sind heutzutage Computerausdrucke.
▪ **pension scheme**	**Rentenversicherung**
Do you belong to a pension scheme?	Gehören Sie einer Rentenversicherung an?
per diem	**pro Tag**
– per diem allowance	**– Tagessatz, Tagegeld**
performance-related pay	**leistungsbezogene Bezahlung**
I'm all in favour of performance-related pay.	Ich bin ein absoluter Befürworter leistungsbezogener Bezahlung.
▪ **perk**	**Vergünstigung**
Perks never used to be taxable.	Vergünstigungen waren früher nicht steuerpflichtig.
pin money *F*	**Taschengeld** *F*
All they paid us was pin money.	Sie haben uns dafür ein Taschengeld bezahlt.
real earnings	**Realeinkommen** *sg.*
▪ **redundancy payment**	**Abfindungszahlung**
relocation	**Umsiedlung, Versetzung**
You are entitled to a relocation allowance.	Es steht Ihnen eine Umzugsbeihilfe zu.
remuneration	**Bezahlung, Vergütung**
retirement benefit	**Rente, Altersruhegeld**
▪ **royalties**	**Tantiemen**
▪ **salary**	**Gehalt**
That's your annual salary, not your monthly one.	Das ist Ihr Jahresgehalt, nicht Ihr Monatsgehalt.
salary review	**Gehaltsüberprüfung**
severance pay	**Abfindungszahlung**
▪ **sick pay**	**Krankengeld**
My sick pay is about to run out.	Mein Krankengeld geht bald zu Ende.
▪ **social security**	**Sozialversicherung**

starting salary	**Anfangsgehalt**
The starting salary varies according to age.	Das Anfangsgehalt ist je nach Alter unterschiedlich.
statutory sick pay	**Lohnfortzahlung**
take-home pay	**Nettolohn**
time and a half	**Überstunden zum anderthalbfachen Tarif**
You should get time and a half for those extra hours.	Für die Überstunden solltest Du den anderthalbfachen Stundenlohn bekommen.
▪ **travel allowance**	**Reisespesen** *pl.*
underpay	**unterbezahlen**
up front: money up front	**Vorauszahlung**
I'd like some money up front to buy the necessary equipment.	Ich hätte gern eine Vorauszahlung, um die notwendige Ausrüstung zu kaufen.
voucher	**Gutschein**
▪ **wage**	**Lohn**
What's your weekly wage?	Wie sieht Ihr Wochenlohn aus?
wage packet	**Lohntüte**
weighting	**Zulage, Zuschlag**
The London weighting amounts to several thousand pounds a year.	Der Londoner Ortszuschlag beträgt mehrere Tausend Pfund im Jahr.
▪ **well-paid**	**gut dotiert**
It's a well-paid post.	Es ist ein gut dotierter Posten.

6.4 Arbeitslosigkeit und Arbeitssuche

ageism	**Altersdiskriminierung**
The computer company was accused of ageism.	Die Computerfirma wurde der Altersdiskriminierung beschuldigt.
▪ **age limit**	**Altersgrenze**
The age limit for this position is 45.	Die Altersgrenze für diese Stelle ist 45.

▪ **applicant** There were 413 applicants for the advertised job.	**(Stellen)Bewerber(in)** Für die ausgeschriebene Stelle gab es 413 Bewerber.
▪ **application** All applications must be received by May 31.	**Bewerbung** Bewerbungen müssen bis 31. Mai eingegangen sein.
application form It took me hours to fill in the application form.	**Bewerbungsformular** Ich habe Stunden gebraucht, um das Bewerbungsformular auszufüllen.
apply for He's applied for nine jobs and received six rejections so far.	**sich bewerben um** Er hat sich um neun Stellen beworben und bisher sechs Absagen erhalten.
▪ **appoint** They've appointed a new head of personnel.	**einstellen** Sie haben einen neuen Personalchef eingestellt.
apprentice He's an electrician's apprentice.	**Auszubildende(r), Azubi, Lehrling** Er ist Elektrikerlehrling.
apprenticeship She's got an apprenticeship with an architect.	**Lehrstelle, Berufsausbildungsplatz** Sie hat eine Lehrstelle bei einem Architekten.
aptitude test The aptitude test showed that I'm good with abstract concepts.	**Eignungsprüfung** Die Eignungsprüfung hat gezeigt, dass ich gut abstrakt denken kann.
body shopping	**private Stellenvermittlung**
▪ **career** I'm considering a career in stockbroking.	**Karriere, Beruf** Ich denke darüber nach, Börsenmakler zu werden.
career path	**beruflicher Werdegang**
career prospects	**Karriereaussichten**

casual worker	**Gelegenheitsarbeiter(in), Aushilfskraft**
A lot of the casual workers are from North Africa.	Viele der Gelegenheitsarbeiter stammen aus Nordafrika.
contract labour (*Am.* **labor**)	**Arbeitskräfte** *pl.* **auf Zeit**
They will only take on contract labour.	Sie nehmen nur Arbeitskräfte auf Zeit an.
▪ **CV (= curriculum vitae)**	**Lebenslauf**
It's unusual to send in a handwritten CV these days.	Es ist heutzutage ungewöhnlich, einen handgeschriebenen Lebenslauf einzureichen.
▪ **dole: be on the dole** *Br. F*	**stempeln (gehen)** *F*
How long have you been on the dole?	Wie lange gehst du schon stempeln?
▪ **employ**	**anstellen, einstellen**
They're hoping to employ 50 new people this winter.	Sie hoffen, diesen Winter 50 neue Leute einstellen zu können.
employed	**beschäftigt**
employment	**Beschäftigung**
What kind of employment are you looking for?	Was für eine Beschäftigung suchen Sie?
employment contract	**Arbeitsvertrag**
employment level(s)	**Beschäftigungsstand**
Employment levels are gradually going down.	Der Beschäftigungsstand sinkt allmählich.
expertise	**Sachkenntnis(se** *pl.*), **Know-how**
They want somebody with computing expertise.	Sie suchen jemanden mit Computersachkenntnissen.
▪ **headhunt**	**abwerben**
She was headhunted by IGM.	Sie wurde von IGM abgeworben.
headhunter	**Kopfjäger(in)**
▪ **highly skilled**	**hochqualifiziert**

hire They can't afford to hire any more staff.	**einstellen** Sie können es sich nicht leisten, mehr Personal einzustellen.
▪ **income support** *Br.* He gets income support because he can't work with three young children.	*etwa:* **Sozialhilfe** Er bekommt Sozialhilfe, weil er mit drei kleinen Kindern nicht arbeiten kann.
induction course There will be an induction course for those starting new jobs.	**Einführung(skurs)** Es wird einen Einführungskurs für Berufsanfänger geben.
interview The interviews were held in the hotel foyer.	**Interview, Vorstellungsgespräch** Die Interviews wurden in der Hoteleingangshalle geführt.
▪ **interviewee** Some of the interviewees were quite nervous.	**Kandidat(in)** Manche Kandidaten waren ziemlich nervös.
▪ **job** She's looking for a job with the World Bank.	**Stelle, Arbeit** Sie sucht eine Stelle bei der Weltbank.
job application This is my 13th job application: I hope it's successful.	**Stellenbewerbung** Dies ist meine 13. Stellenbewerbung: Ich hoffe, dass sie erfolgreich ist.
▪ **Jobcentre** *Br.* Have you signed up at the Jobcentre yet?	**Arbeitsamt** Hast du dich schon beim Arbeitsamt gemeldet?
job creation	**Arbeitsbeschaffung**
job creation scheme The government is introducing a new job creation scheme.	**Arbeitsbeschaffungsmaßnahmen** *pl.*, **ABMs** *pl.* Die Regierung führt neue Arbeitsbeschaffungsmaßnahmen ein.
▪ **job description**	**Stellenbeschreibung**

job for life A job for life seems to be a thing of the past.	**lebenslange Anstellung** Eine lebenslange Anstellung scheint der Vergangenheit anzugehören.
▪ **job hunting** Job hunting is hard work.	**Stellensuche, Arbeitssuche** Stellensuche ist harte Arbeit.
jobless The number of jobless youths is going down.	**arbeitslos** Die Zahl der arbeitslosen Jugendlichen sinkt.
▪ **jobless: the jobless** The President has promised to help the jobless.	**die Arbeitslosen** Der Präsident hat versprochen, den Arbeitslosen zu helfen.
job losses	**Arbeitsplatzverluste**
job market	**Arbeitsmarkt**
job offer I've had two job offers so far.	**Stellenangebot** Bisher habe ich zwei Stellenangebote bekommen.
job opportunity There aren't too many job opportunities in the south.	**Arbeitsmöglichkeit** Im Süden gibt es nicht allzu viele Arbeitsmöglichkeiten.
job placement	**Stellenvermittlung**
job profile	**Stellenprofil**
▪ **job satisfaction** For me job satisfaction is more important than pay.	**Arbeitszufriedenheit** Für mich ist die Arbeitszufriedenheit wichtiger als das Gehalt.
▪ **job security** With a wife and two young children, job security is very important to me.	**Arbeitsplatzsicherheit** Mit einer Frau und zwei jungen Kindern ist mir ein sicherer Arbeitsplatz sehr wichtig.
jobseeker	**Arbeitsuchende(r)**
jobseeker's allowance *Br.*	**Arbeitslosengeld**
job sharing	**Jobsharing, Arbeitsplatzteilung**
job title	**Berufsbezeichnung**

lack of experience My lack of experience cost me the job.	**Mangel an Erfahrung** Mein Mangel an Erfahrung hat mich die Stelle gekostet.
▪ **leadership qualities** None of the candidates showed any leadership qualities.	**Führungsqualitäten** Keiner der Kandidaten zeigte irgendwelche Führungsqualitäten.
learn the ropes You'll have a week to learn the ropes before starting work properly.	**sich einarbeiten** Sie werden eine Woche haben, um sich einzuarbeiten, bevor Sie mit der Arbeit richtig anfangen.
letter of introduction	**Empfehlungsschreiben**
level of training Your level of training isn't adequate for the job, I'm afraid.	**Ausbildungsstand** Leider reicht Ihr Ausbildungsstand für die Stelle nicht aus.
lifelong employment	**Beschäftigung auf Lebenszeit**
long-term unemployment Long-term unemployment is leading to all kinds of social problems.	**Dauerarbeitslosigkeit** Die Dauerarbeitslosigkeit führt zu allen möglichen sozialen Problemen.
▪ **occasional worker**	**Gelegenheitsarbeiter**
▪ **on-the-job training**	**Ausbildung am Arbeitsplatz**
overqualified I had mixed feelings when they told me I was overqualified.	**überqualifiziert** Ich hatte gemischte Gefühle, als sie mir sagten, ich sei überqualifiziert.
▪ **personal skills** I believe I'm good on personal skills.	**zwischenmenschliche Fähigkeiten** Ich glaube, dass ich gut mit anderen Menschen umgehen kann.

postgraduate	**Graduierte(r), Hochschulabsolvent** *(der/die ein Aufbaustudium macht)*
There are a lot of postgraduates working as taxi-drivers.	Es gibt viele Hochschulabsolventen, die als Taxifahrer arbeiten.
probationary period There will be a six-month probationary period.	**Probezeit** Es wird eine sechsmonatige Probezeit geben.
▪ **qualification** What kind of qualifications do you have in this area?	**Qualifikation, Abschluss** Welche Qualifikationen haben Sie in diesem Bereich?
qualified	**geeignet, qualifiziert**
referee Would you be willing to act as referee for me?	**Referenz** Wären Sie bereit, mir als Referenz zu dienen?
▪ **reference** The application should include two references.	**Zeugnis, Referenz** Der Bewerbung sollten zwei Zeugnisse beigefügt sein.
résumé, resume *Am.*	**Lebenslauf**
retrain I'm retraining to become a tour guide.	**umschulen** Ich lasse mich als Reiseleiterin umschulen.
retraining course	**Umschulungskurs**
▪ **secure job**	**gesicherter Arbeitsplatz**
▪ **self-employed** He's a self-employed management consultant.	**selbstständig, freiberuflich** Er ist selbstständiger Unternehmensberater.
semi-skilled It's semi-skilled work on the production line.	**angelernt** Es ist Fließbandarbeit für Angelernte.
▪ **short list** I've made it onto the short list!	**Auswahlliste** Ich habe es bis in die Auswahlliste geschafft!
shortlist: be shortlisted	**in die engere Auswahl kommen**
▪ **short-term contract**	**kurzfristiger Vertrag**

▪ **sign on** The sooner you sign on, the sooner you'll get your dole money.	**sich arbeitslos melden** Je eher du dich arbeitslos meldest, desto eher bekommst du dein Arbeitslosengeld.
situations vacant I always go straight to the Situations Vacant page.	*in der Zeitung:* **Stellenangebote** Ich schaue mir immer sofort die Seite mit den Stellenangeboten an.
skilled labour (*Am.* **labor**)	**gelernte Arbeitskräfte** *pl.*
suitable person for the job	**geeignete Person für die Stelle**
take on They've taken on too many young people.	**einstellen** Sie haben zu viele junge Leute eingestellt.
▪ **temp** *s.* During the vacations I usually work as a temp.	**Aushilfskraft** Während der Ferien arbeite ich meistens als Aushilfskraft.
temp *v.* Have you ever done any temping?	**als Aushilfskraft arbeiten** Haben Sie jemals als Aushilfskraft gearbeitet?
temping agency	**Stellenvermittlung für Aushilfskräfte, Zeitarbeitsfirma**
train I'm going to train as an air traffic controller.	**sich ausbilden lassen** Ich lasse mich zur Fluglotsin ausbilden.
▪ **trainee**	**Praktikant(in), Auszubildende(r), Azubi**
training scheme	**Ausbildungsprogramm, Schulungsprogramm**
undergraduate	**Student(in)**
underqualified	**unterqualifiziert**
▪ **unemployed** How long have you been unemployed?	**arbeitslos** Wie lange sind Sie schon arbeitslos?

▪ **unemployed: the unemployed** More should be done for the unemployed.	**die Arbeitslosen** Es sollte mehr für die Arbeitslosen getan werden.
unemployed person	**Arbeitslose(r)**
unemployment Female unemployment is a major problem here.	**Arbeitslosigkeit** Frauenarbeitslosigkeit ist hier ein großes Problem.
unemployment benefit *Br.*	*ehemals:* **Arbeitslosengeld**
▪ **unemployment rate**	**Arbeitslosenquote**
unskilled It's unskilled work that anyone can do.	**ungelernt** Es handelt sich um Arbeit, die jeder Ungelernte ausführen kann.
vacancy All our vacancies were filled within a week.	**freie Stelle** Alle unsere freien Stellen sind innerhalb von einer Woche besetzt worden.
▪ **vocational training**	**Berufsausbildung**
word-perfect Applicants for this post should be word-perfect.	**textsicher** Bewerber für diese Stelle sollten textsicher sein.
words per minute, wpm – What's your typing speed? – 60 words per minute.	**Wörter pro Minute, WpM** – Wie schnell können Sie tippen? – 60 Wörter pro Minute.
work: out of work	**arbeitslos**
work experience I haven't had much work experience so far.	**Arbeitserfahrung** Bisher habe ich wenig Arbeitserfahrung gesammelt.
work placement You can gain a lot of experience from a work placement.	**Praktikum** In einem Praktikum kann man viel Erfahrung sammeln.

6.5 Gewerkschaft

AFL-CIO (American Federation of Labor – Congress of Industrial Organizations	**Dachverband der amerikanischen Gewerkschaften**
all-out strike An all-out strike has been called in the public sector.	**Generalstreik** Im öffentlichen Dienst ist zum Generalstreik aufgerufen worden.
▪ **call a strike**	**zum Streik aufrufen**
closed shop	**gewerkschaftspflichtiger Betrieb**
collective bargaining Collective bargaining is carried out between a trade union and an employer.	**Tarifverhandlung(en** *pl.)* Tarifverhandlungen werden zwischen Gewerkschaft und Arbeitgeber geführt.
conciliation	**Schlichtung**
▪ **dispute** The staff are in dispute with their employers.	**Auseinandersetzung** Zwischen dem Personal und den Arbeitgebern herrschen Unstimmigkeiten.
exploitation It's a form of subtle exploitation.	**Ausbeutung** Es ist eine subtile Form von Ausbeutung.
▪ **go-slow**, *Am.* **slowdown** The workers have threatened a go-slow if their demands are not met.	**Bummelstreik** Die Arbeiter haben mit einem Bummelstreik gedroht, falls ihre Forderungen nicht erfüllt werden.
hire and fire There's widespread hiring and firing in that branch of industry.	**einstellen und entlassen, heuern und feuern** *F* In diesem Industriesektor ist „heuern und feuern" weit verbreitet.

▪ **industrial action** Nurses in Ireland are stepping up their industrial action.	**Streik, Arbeitskampfmaßnahmen** *pl.* Die Krankenschwestern in Irland weiten ihre Arbeitskampfmaßnahmen aus.
▪ **industrial relations**	**Arbeitgeber-Arbeitnehmer-Beziehungen**
▪ **industrial tribunal** She took her case to an industrial tribunal.	**Arbeitsgericht** Sie ging mit ihrem Fall vors Arbeitsgericht.
▪ **intermediary**	**Mittelsmann, Mittelsfrau, (Ver)Mittler(in)**
labor court *Am.*	**Arbeitsgericht**
labour, *Am.* **labor** **– organised labour**	**Arbeiter** *pl.*, **Arbeitskräfte** *pl.* **– die organisierte Arbeiterschaft**
labour dispute A labour dispute has broken out in the steel industry.	**Arbeitsstreit** In der Stahlindustrie ist ein Arbeitsstreit ausgebrochen.
labour law *Br.* Labour law is very clear on that.	**Arbeitsgesetz, Arbeitsrecht** Die Sache ist im Arbeitsgesetz eindeutig geregelt.
labour market	**Arbeitsmarkt**
▪ **labour relations**	**Arbeitsbeziehungen**
labour shortage	**Arbeitskräftemangel**
labour unrest	**Arbeiterunruhen** *pl.*
negotiating round	**Tarifrunde**
▪ **negotiations** The likely outcome of the negotiations will be a reduction in working hours.	**Verhandlungen** Die Verhandlungen werden wahrscheinlich dazu führen, dass die Arbeitszeit gekürzt wird.
official action	**organisierte Arbeitskampfmaßnahme**
picket The pickets clashed with the police.	**Streikposten** Zwischen den Streikposten und der Polizei kam es zu Auseinandersetzungen.

shop steward Do you think shop stewards have too much power?	**gewerkschaftlicher Obmann** Glauben Sie, dass gewerkschaftliche Obmänner zu viel Macht haben?
strike ▪ **– go on strike** **– go out on strike against**	**Streik** **– streiken, in den Streik treten** **– bestreiken**
strike ballot 95% of union members took part in the strike ballot.	**Urabstimmung** 95% der Gewerkschaftsmitglieder nahmen an der Urabstimmung teil.
▪ **trade union** *Br.*, **labor union** *Am.*	**Gewerkschaft**
Trade Union official *Br.*	**Gewerkschaftsfunktionär(in)**
Trades Union Congress, TUC *Br.*	**Dachorganisation der britischen Gewerkschaften**
trade unionism *Br.* Trade unionism goes back to the 19th century.	**Gewerkschaftsbewegung** Die Gewerkschaftsbewegung geht auf das 19. Jahrhundert zurück.
▪ **unfair dismissal** She won her case for unfair dismissal.	**ungerechtfertigte Entlassung** Sie hat ihren Prozess wegen ungerechtfertigter Entlassung gewonnen.
union	**Gewerkschaft**
unionized Is the industry unionized?	**gewerkschaftlich organisiert** Ist die Industrie gewerkschaftlich organisiert?
▪ **wage claim** Civil servants have put in another wage claim.	**Lohnforderung** Die Beamten haben weitere Lohnforderungen gestellt.
wage freeze, pay freeze	**Lohnstopp**

wage negotiations, wage talks	**Lohnverhandlungen**
The wage talks have reached deadlock.	Die Lohnverhandlungen sind in eine Sackgasse geraten.
walkout	**Arbeitsniederlegung**
The postal workers have staged a walkout.	Die Postangestellten haben die Arbeit niedergelegt.
whistle-blower	**Denunziant(in)**
Whistle-blowers have been promised complete confidence.	Denunzianten wurde absolute Vertraulichkeit zugesagt.
wildcat strike	**wilder Streik, spontane Arbeitsniederlegung**
The completion of the underground line has fallen behind schedule as a result of the wildcat strikes.	Die Fertigstellung der U-Bahnlinie ist auf Grund der spontanen Streiks in Rückstand geraten.
working conditions	**Arbeitsbedingungen**
works committee	**Betriebsrat**
I'm going to resign from the works committee.	Ich werde vom Betriebsrat zurücktreten.
work stoppage	**Arbeitsniederlegung**
■ **work-to-rule** *Br.*	**Dienst nach Vorschrift**

6.6 Pensionierung und Entlassung

■ **company pension plan**	**betriebliche Altersversorgung**
Why did you give up your company pension plan?	Warum haben Sie Ihre betriebliche Altersversorgung aufgegeben?
compulsory retirement	**Zwangspensionierung**
They had to take compulsory retirement.	Sie wurden zwangspensioniert.
constructive dismissal	**fingierte Entlassung**
■ **dismiss**	**entlassen, kündigen**
He was dismissed after only a week.	Er wurde nach nur einer Woche entlassen.

dismissal I found the manner of my dismissal very humiliating.	**Entlassung, Kündigung** Ich fand die Art, mit der man mich entlassen hat, sehr demütigend.
▪ **early retirement** I plan to take early retirement at 55.	**Vorruhestand** Ich habe vor, mit 55 Jahren in den Vorruhestand zu treten.
last in, first out, LIFO	**LIFO-Methode, zuletzt geheuert, zuerst gefeuert**
lay off 35 workers were laid off last month.	**entlassen** 35 Arbeiter wurden letzten Monat entlassen.
lay-off	**Personalfreisetzung**
▪ **pension** If you are self-employed, you'll have to arrange your own pension.	**Rente** Wenn Sie Freiberufler sind, müssen Sie selbst für Ihre Rente sorgen.
pensionable age	**Rentenalter, Rentenzugangsalter**
pension holder	**Rentenempfänger(in)**
pension off She was pensioned off at the age of 58.	**pensionieren** Sie wurde im Alter von 58 Jahren pensioniert.
pension scheme Do you belong to a pension scheme?	**Rentenversicherung** Haben Sie eine Rentenversicherung?
▪ **redundancy** There were 250 redundancies at the glassworks last month.	**Entlassung** Es gab letzten Monat im Glaswerk 250 Entlassungen.
▪ **redundant: be made redundant**	**den Arbeitsplatz verlieren**
▪ **resign**	**zurücktreten, kündigen**
resignation Are you really going to hand in your resignation?	**Rücktritt** Wollen Sie wirklich Ihr Rücktrittsgesuch einreichen?

▪ **retire** He retired at 63.	**in den Ruhestand treten** Er ist mit 63 in den Ruhestand getreten.
retired person, retiree	**Rentner(in), Pensionär(in)**
retirement **– take early retirement**	**Pensionierung, Ruhestand** **– vorzeitig in den Ruhestand treten**
▪ **retirement age**	**Pensionierungsalter, Rentenalter**
sack: get the sack *F*	**gekündigt werden**
sack: give s.o. the sack *F* If you give me the sack, I'll go to an industrial tribunal.	**j-n entlassen, j-n rausschmeißen** *F* Wenn Sie mich rausschmeißen, gehe ich zum Arbeitsgericht.
summary dismissal	**fristlose Entlassung**
superannuated	**pensioniert, im Ruhestand**
voluntary redundancy I would consider voluntary redundancy if the terms were attractive enough.	**freiwillige Entlassung** Ich würde mich freiwillig entlassen lassen, wenn die Konditionen attraktiv genug wären.
wrongful dismissal He won his case for wrongful dismissal.	**grundlose Entlassung** Er gewann seinen Prozess, wegen unrechtmäßiger Entlassung.

6.7 Konferenzen und Verhandlungen

adjourn The meeting was adjourned until Wednesday.	**unterbrechen, vertagen** Die Sitzung wurde auf Mittwoch vertagt.
adopt The resolution has finally been adopted.	**verabschieden** Der Entschluss ist endlich verabschiedet worden.

▪ **agenda** There's a lot to get through on today's agenda.	**Tagesordnung, Agenda** Es gibt auf der heutigen Tagesordnung viel durchzuarbeiten.
▪ **AGM (= annual general meeting)**	**Jahreshauptversammlung**
agree You will pay half, as agreed.	**zustimmen, sich vereinbaren** Sie werden, wie vereinbart, die Hälfte bezahlen.
▪ **agreement** After three hours of discussion they came to an agreement.	**Einigung, Übereinkommen, Vereinbarung** Nach dreistündiger Diskussion haben sie sich geeinigt.
agree on	**sich einigen auf/über, vereinbaren**
agree to	**zustimmen, sich einverstanden erklären mit**
▪ **any other business, AOB** We come to the final item on the agenda: any other business.	**Sonstiges** Wir kommen zum letzten Punkt auf der Tagesordnung: Sonstiges.
appointment He was unable to keep the appointment.	**Termin, Verabredung** Er konnte den Termin nicht einhalten.
▪ **attend** We're all expected to attend the meeting.	**teilnehmen an** Es wird erwartet, dass wir alle an der Sitzung teilnehmen.
audio-visual aids The conference room is equipped with the latest audio-visual aids.	**audiovisuelle Hilfsmittel** Der Konferenzraum ist mit den neuesten audiovisuellen Hilfsmitteln ausgestattet.
bargain	**(ver)handeln**
bargaining: hard bargaining	**unnachgiebiges Verhandeln**
bargaining position We're in a good bargaining position.	**Verhandlungsposition** Wir sind in einer guten Verhandlungsposition.
board	**Tafel**

▪ **board meeting**	**Vorstandssitzung, Aufsichtsratssitzung**
brainstorming session	**Brainstorming**
call a meeting Mr Jones has called a meeting for 2 pm.	**eine Sitzung einberufen** Herr Jones hat für 14 Uhr eine Sitzung einberufen.
chair	**Tagungsleiter(in), Vorsitzende(r)**
chair a meeting, be in the chair Who's chairing tomorrow's meeting?	**den Vorsitz führen** Wer führt morgen den Vorsitz?
▪ **chairman, chairperson**	**Tagungsleiter(in), Vorsitzende(r)**
chairwoman	**Tagungsleiterin, Vorsitzende**
chart **– bar chart** **– flipchart** **– flowchart** **– pie chart**	**Diagramm, Übersicht, Grafik** **– Balkendiagramm, Säulendiagramm** **– Flipchart** **– Flussdiagramm** **– Tortendiagramm, Kreisdiagramm**
▪ **conference** I'm off to another conference tomorrow.	**Konferenz, Tagung, Sitzung** Ich muss morgen wieder mal auf eine Konferenz.
conference centre, *Am.* **center**	**Konferenzzentrum**
conference venue	**Konferenzort, Tagungsort**
convention	**Tagung, Kongress, Konferenz**
▪ **deal: do/make a deal** They finally managed to do a deal with the French.	**ein Geschäft abschließen** Sie haben es endlich geschafft, mit den Franzosen ein Geschäft abzuschließen.
▪ **delegate**	**Delegierte(r)**
deputy chairman	**stellvertretende(r) Vorsitzende(r)**
diagram	**Diagramm**

graph	**Schaubild, grafische Darstellung**
handout I'll be distributing handouts during the talk.	**Handout, Fotokopie** Ich werde während des Vortrags Fotokopien verteilen.
informal meeting	**zwanglose Zusammenkunft**
▪ **item** We move on to Item 5 of the agenda.	**Punkt** Wir kommen zu Punkt 5 der Tagesordnung.
lectern	**Pult**
light pen	**Lichtzeigestab**
microphone	**Mikrofon, Mikro**
▪ **minutes** The minutes of the meeting run to 6 pages.	**Protokoll** *sg.* Das Sitzungsprotokoll beläuft sich auf 6 Seiten.
misunderstanding There has been a misunderstanding.	**Missverständnis** Es hat ein Missverständnis gegeben.
mutual **– by mutual consent**	**beiderseitig, gemeinschaftlich** **– in beiderseitigem Einvernehmen**
negotiable Are your terms negotiable?	**verhandelbar** Sind Ihre Konditionen verhandelbar?
▪ **negotiate** It took them two days to negotiate an agreement.	**aushandeln** Es hat zwei Tage gedauert, bis sie einen Vertrag ausgehandelt hatten.
negotiating partner	**Verhandlungspartner**
negotiations	**Verhandlung** *sg.*, **Gespräche**
▪ **off the record** What I'm telling you is strictly off the record.	**inoffiziell, im Vertrauen** Was ich Ihnen sage ist ganz im Vertrauen.
overhead transparency	**Overheadfolie**
PA system (= public address system)	**Lautsprecheranlage**
podium	**Podium**

pointer	**Zeigestock**
presentation His presentation went on far too long.	**Präsentation, Vortrag** Seine Präsentation dauerte viel zu lang.
press conference There were over a hundred people attending the press conference.	**Pressekonferenz** Über hundert Leute nahmen an der Pressekonferenz teil.
■ **pros and cons** We've got to weigh up the pros and cons and make a decision today.	**Für und Wider** *sg.* Wir müssen das Für und Wider aufwägen und heute zu einer Entscheidung kommen.
proxy vote	**Stellvertreterstimme**
put sth. on record	**etw. schriftlich festhalten**
reciprocal **– reciprocal agreement**	**gegenseitig, wechselseitig** **– gegenseitiges Abkommen**
■ **reject** Their third and final offer was rejected.	**ablehnen** Ihr drittes und letztes Angebot wurde abgelehnt.
■ **report** Brian Ross will present a report on the Delhi plant.	**Bericht** Brian Ross wird einen Bericht über die Anlage in Delhi vorlegen.
■ **sales conference** The sales conference will be held in the main hall.	**Vertreterkonferenz** Die Vertreterkonferenz findet in der Haupthalle statt.
screen	**Leinwand**
slide projector	**Diaprojektor**
■ **speaker** She's the keynote speaker at the conference.	**Redner(in)** Sie ist die Hauptrednerin auf der Konferenz.
■ **speech** Do you get nervous before giving a speech?	**Rede, Vortrag** Werden Sie nervös, bevor Sie einen Vortrag halten?

strike a deal After six hours of negotiating, they finally struck a deal.	**ein Geschäft abschließen** Nach sechs Stunden Verhandlungen sind sie endlich zu einem Geschäftsabschluss gekommen.
subject	**Thema**
▪ **summary**	**Zusammenfassung, Kurzbericht**
▪ **take the minutes (of)** Stella Jones is taking the minutes (of the meeting).	**protokollieren** Stella Jones wird (die Sitzung) protokollieren.
talk shop	**fachsimpeln**
teleconference	**Telekonferenz**
three-way conference We took part in a three-way video conference.	**Dreierkonferenz** Wir nahmen an einer Dreierkonferenz über Video teil.
unconditional	**bedingungslos**
understanding We quickly came to an understanding.	**Übereinkommen** Wir sind schnell zu einem Einvernehmen gekommen.
▪ **visuals** Visuals can make a presentation more interesting.	**Anschauungsmaterial** *sg.* Anschauungsmaterial kann eine Präsentation interessanter machen.
whiteboard	**weiße Tafel**
working group	**Arbeitsgruppe**

6.8 Geschäftsreisen

aeroplane, *Am.* **airplane**	**Flugzeug**
aircraft	**Flugzeug**
airport tax	**Flughafengebühr**
airsickness I suffer from airsickness.	**Luftkrankheit, Flugkrankheit** Ich leide an Flugkrankheit.
aisle seat I'd prefer an aisle seat, if possible	**Sitz am Gang** Ich würde lieber am Gang sitzen, wenn möglich.

■ **alarm call** Would you like an alarm call, sir?	**Weckruf** Hätten Sie gern einen Weckruf?
■ **arrival**	**Ankunft**
Arrivals	*am Flughafen:* **Ankunft**
arrive What time is he due to arrive?	**ankommen** Um wie viel Uhr kommt er voraussichtlich an?
bathroom I'd like a single room with en-suite bathroom.	**Bad** Ich hätte gern ein Einzelzimmer mit Bad.
■ **bed and breakfast**	**Übernachtung mit Frühstück**
bill You needn't have paid the hotel bill.	**Rechnung** Sie hätten die Hotelrechnung nicht zahlen müssen.
■ **boarding pass**	**Bordkarte**
■ **book** Could I book a single room for two nights, please?	**buchen, reservieren** Ich möchte gern ein Einzelzimmer für zwei Nächte reservieren.
■ **cab** *bsd. Am.* A cab from the airport will cost you around $40.	**Taxi** Ein Taxi vom Flughafen wird Sie um die $ 40 kosten.
check in	**1.** *am Flughafen:* **einchecken** **2.** *im Hotel:* **sich anmelden**
check-in desk	**Abflugschalter, Check-in**
check out He checked out of the hotel yesterday.	**abreisen, sich abmelden** Er ist gestern vom Hotel abgereist.
■ **departure** What time's your departure?	**Abflug, Abfahrt** Wann ist Ihr Abflug?
departure lounge	**Abflughalle**
Departures	*am Flughafen:* **Abflug**
duty-free shop You'll find her in the duty-free shop.	**Duty-free-Shop** Sie werden sie im Duty-free-Shop finden.
entry requirements	**Einreisebedingungen**

executive lounge You can use the executive lounge for a fee even if you aren't travelling business class.	**Business-Lounge** Sie können die Business-Lounge gegen eine Gebühr benutzen, auch wenn Sie nicht Business-Klasse fliegen.
expense **– all expenses paid**	**Aufwand, Kosten** *pl.* **– Spesen werden übernommen, auf Geschäftskosten**
▪ **expense account** It all goes on the expense account.	**Spesenkonto** Es geht alles auf Spesen.
▪ **fire exit**	**Notausgang**
first class Have you ever flown first class?	**erste Klasse** Sind Sie jemals in der ersten Klasse geflogen?
▪ **flight** I always try to take the overnight flight.	**Flug** Ich versuche immer, den Nachtflug zu nehmen.
foyer *Br.*	**Foyer, Lobby**
▪ **frequent flyer**	**Vielflieger(in)**
frequent traveller, *Am.* **traveler**	**Vielreisende(r)**
▪ **hand luggage** You may only take one piece of hand luggage on board.	**Handgepäck** Sie dürfen nur ein Gepäckstück als Handgepäck mit an Bord nehmen.
hotel room	**Hotelzimmer**
▪ **legroom** Have you got a seat with a bit of legroom?	**Beinfreiheit** Haben Sie einen Sitz mit etwas Beinfreiheit?
lobby *bsd. Am.*	**Foyer, Lobby**
▪ **miss** I've missed the early flight, so I'll be there an hour later.	**verpassen** Ich habe den frühen Flug verpasst und werde also eine Stunde später da sein.
non-smoking flight	**Nichtraucherflug**
overbooked	**überbucht**

▪ **passport**	**Reisepass**
▪ **plane** He has his own private plane.	**Flieger, Maschine** Er hat seinen eigenen Privatflieger.
private jet	**Privatjet**
▪ **public transport** Our office is easily accessible by public transport.	**öffentliche Verkehrsmittel** *pl.* Unser Büro ist mit öffentlichen Verkehrsmitteln leicht zu erreichen.
reception desk I'll ask at the reception desk.	**Rezeption** Ich frage mal an der Rezeption.
receptionist	**Dame/Herr am Empfang, Empfangschef(in)**
▪ **reservation** Have you made a room reservation?	**Reservierung** Haben Sie ein Zimmer gebucht?
reserve	**reservieren**
room rates	**Zimmerpreise**
▪ **scheduled flight**	**Linienflug**
stopover We had an unscheduled stopover in Rome.	**Zwischenlandung** Wir machten in Rom eine unplanmäßige Zwischenlandung.
taxi **– taxi rank**	**Taxi** **– Taxistand**
▪ **timetable,** *bsd. Am.* **schedule**	**Fahrplan**
train I enjoy travelling by train.	**Bahn, Zug** Ich reise gern mit dem Zug.
▪ **twin beds**	**zwei Einzelbetten**
vacate Guests should vacate their rooms by 12.00.	**verlassen** Gäste sollten ihre Zimmer bis 12.00 Uhr verlassen haben.

vegetarian meal I ordered a vegetarian meal when I booked the flight.	**vegetarisches Essen** Ich habe bei der Flugreservierung ein vegetarisches Essen bestellt.
window seat	**Fensterplatz**

7 Im Büro

7.1 Büro und Arbeitsplatz

admittance: no admittance	**Eintritt verboten, kein Zutritt**
▪ **air-conditioned** All offices in the States are air-conditioned.	**mit Klimaanlage** Alle Büros in den USA haben eine Klimaanlage.
air conditioning, *bsd. Am.* **air-con** I can't cope with this air conditioning.	**Klimaanlage** Ich halte diese Klimaanlage nicht aus.
▪ **backlog** I'll be in the office at the week-end working off this backlog.	**Arbeitsrückstand, Auftragsrückstand** Ich werde am Wochenende im Büro sein, um diesen Arbeitsrückstand abzu-arbeiten.
▪ **business card** We can't issue new business cards every time the phone numbers change.	**Visitenkarte** Wir können nicht jedesmal, wenn sich die Telefon-nummern ändern, neue Visitenkarten ausstellen.
▪ **desk** I prefer the old wooden desks.	**Schreibtisch** Mir gefallen die alten Holz-schreibtische besser.
dictation machine	**Diktiergerät**
duplicate This is a duplicate. The original is in the filing cabinet.	**Duplikat** Dies ist ein Duplikat. Das Original ist im Aktenschrank.

ergonomics (*sg.*) We take workplace ergonomics very seriously.	**Ergonomie** Wir nehmen die Ergonomie am Arbeitsplatz sehr ernst.
▪ **file** Could you add these files to the blue file?	**1. Akte** **2. Aktenordner** Könnten Sie diese Akten in den blauen Aktenordner heften?
▪ **filing cabinet**	**Aktenschrank**
filing system	**Ablagesystem**
footrest I think we should all be given a footrest.	**Fußstütze** Ich meine, wir sollten alle eine Fußstütze bekommen.
hand-held	**Hand…, tragbar**
▪ **highlight** You could highlight the names with this marker pen.	**hervorheben** Sie könnten die Namen mit diesem Textmarker hervorheben.
memo, memorandum Did you get my memo about the meeting?	**Memo, kurzer Vermerk** Hast du mein Memo über die Sitzung erhalten?
▪ **message**	**Mitteilung, Meldung**
▪ **note: make a note of sth.**	**etw. vermerken**
notice	**Anschlag, Bekanntmachung**
▪ **notice board** Have you seen the notice about the canteen up on the notice board?	**schwarzes Brett, Anschlagbrett** Hast du den Anschlag über die Kantine am schwarzen Brett gesehen?
▪ **office**	**Büro**
office block, office building	**Bürogebäude**
office Christmas party	**Weihnachtsfeier im Büro**
▪ **open-plan office** I can't work properly in an open-plan office.	**Großraumbüro** Ich kann in einem Großraumbüro nicht richtig arbeiten.

paperless office So what happened to the paperless office?	**papierloses Büro** Was ist nun aus dem so genannten papierlosen Büro geworden?
▪ **paperwork** The paperwork is mounting up.	**Schreibarbeit** Die Schreibarbeit häuft sich.
petty cash	**Portokasse**
▪ **(photo)copier** The photocopier has broken down again.	**(Foto)Kopierer** Der Kopierer ist wieder mal kaputt.
(photo)copy *s.*	**(Foto)Kopie**
(photo)copy *v.* I'll just go and copy these letters.	**(foto)kopieren** Ich gehe eben diese Briefe fotokopieren.
pigeonhole This pigeonhole isn't big enough for all his mail.	**Sortierfach, Brieffach** Dieses Brieffach ist nicht groß genug für seine ganze Post.
premises We're moving into new premises soon.	**Gelände** *sg.*, **Räumlichkeiten** Wir ziehen bald in neue Räumlichkeiten um.
prime location They bought a prime location for their new head office.	**bevorzugte Lage** Sie haben für ihre neue Firmenzentrale ein Grundstück in bevorzugter Lage erworben.
private You'd better put "Private" on the envelope.	**privat, persönlich, vertraulich** Am besten schreiben Sie „Vertraulich" auf den Umschlag.
punch	**Locher**
▪ **reference number**	**Aktenzeichen**
▪ **retype** I'm just going to quickly retype the minutes.	**neu (ab)tippen** Ich tippe eben schnell das Protokoll neu ab.

roster That's last week's roster.	**Dienstplan** Das ist der Dienstplan von letzter Woche.
RSI (= repetitive strain injury)	***Schaden durch wiederholte Belastung***
▪ **shorthand** Can you do shorthand?	**Stenografie** Können Sie Steno?
shredder You'd better put that letter through the shredder straightaway.	**Reißwolf** Sie sollten den Brief am besten sofort in den Reißwolf tun.
sick-building syndrome	***schlechte Büroraumbedingungen, die zu Krankheiten führen***
teamwork She swears by teamwork.	**Teamarbeit** Sie schwört auf Teamarbeit.
▪ **touch-type** Fortunately I learnt to touch-type when I was young.	**blind tippen, mit der Zehnfingermethode tippen** Glücklicherweise habe ich in jungen Jahren die Zehnfingermethode gelernt.
triplicate: in triplicate I'd like the business plan in triplicate, please.	**dreifach, in dreifacher Ausführung** Ich hätte den Geschäftsplan gern in dreifacher Ausführung.
▪ **type** Could you type that up for me quickly?	**tippen** Könnten Sie das schnell für mich abtippen?
typewriter	**Schreibmaschine**
typewritten	**maschinegeschrieben, getippt**
typing error I make more typing errors on the computer.	**Tippfehler** Ich mache am Computer mehr Tippfehler.
typo I'm afraid there are just too many typos in this report.	**Tippfehler, Druckfehler** Es sind leider zu viele Tippfehler in diesem Bericht.

▪ **urgent**	**dringend**
workplace, place of work It's so convenient having one's workplace just around the corner.	**Arbeitsplatz** Es ist so bequem, den Arbeitsplatz gleich um die Ecke zu haben.
workstation	**Arbeitsplatz**
xerox® *s.*	**Xerokopie®, Fotokopie**
xerox® *v.*	**fotokopieren**

7.2 Büromaterial

box file	**Stehordner**
▪ **calculator** It's a solar-powered calculator.	**Rechner, Taschenrechner** Es ist ein solarbetriebener Taschenrechner.
card index	**Kartei**
copy holder You can adjust the height of the copy holder.	**Dokumentenständer, Dokumentenhalter** Der Dokumentenhalter ist höhenverstellbar.
correction fluid You seem to get through an awful lot of correction fluid.	**Korrekturflüssigkeit, Tippex®** Sie scheinen eine Menge Korrekturflüssigkeit zu verbrauchen.
correction pen	**Korrekturstift**
desk pad I don't like using a desk pad.	**Schreibunterlage** Ich benutze ungern eine Schreibunterlage.
eraser *bsd. Am.* Could I just borrow your eraser?	**Radiergummi** Könnte ich mir mal Ihren Radiergummi leihen?
▪ **folder** I keep all the receipts in this folder.	**Aktenmappe** Ich bewahre alle Quittungen in dieser Aktenmappe auf.
graph paper	**Millimeterpapier**

guillotine There's a big guillotine in the photocopying room.	**Papierschneidemaschine** Im Kopierraum ist eine große Papierschneidemaschine.
gummed envelope These gummed envelopes have dried out.	**gummierter Briefumschlag** Diese gummierten Briefumschläge kleben nicht mehr.
▪ **in-tray**	**Ablagekorb für Eingänge**
lever-arch file	**Leitz-Ordner®**
lined paper They don't make lined paper any more.	**liniertes Papier** Sie stellen kein liniertes Papier mehr her.
loose-leaf binder	**Ringbuch**
marker pen	**Marker, Textmarker**
▪ **notepad**	**Notizblock**
office equipment	**Bürogeräte** *pl.*
▪ **office supplies** Mr Batt is responsible for ordering office supplies.	**Büro(bedarfs)artikel** Herr Batt ist für die Bestellung von Büromaterial verantwortlich.
▪ **out-tray**	**Ablagekorb, Postausgangskorb**
paper I've got plenty of scrap paper if you need any.	**Papier** Ich habe jede Menge Schmierpapier, falls du welches brauchst.
▪ **paper clip** I've run out of paper clips again.	**Büroklammer** Mir sind schon wieder die Büroklammern ausgegangen.
pocket calculator	**Taschenrechner**
Post-it note®	**Post-it®**
ribbon Could I order two new ribbons?	**Farbband** Könnte ich bitte zwei neue Farbbänder bestellen?
▪ **ring binder**	**Ringbuch**
rubber *bsd. Br.*	**Radiergummi**
rubber band These rubber bands disintegrate in time.	**Gummiring** Diese Gummiringe zerfallen mit der Zeit.

▪ **ruler**	**Lineal**
▪ **stapler**	**Hefter**
▪ **stationery** We'll have to order some more stationery.	**1. Büromaterial, Schreibwaren** **2. Briefpapier** Wir werden Büromaterial nachbestellen müssen.
stencil	**Matrize**
suspension file	**Hängemappe**

7.3 Zeitplanung und Termine

▪ **advance: in advance** The boss will brief us in advance.	**im Voraus** Der Chef wird uns im Voraus instruieren.
ahead We're seven hours ahead of New York.	**(weiter) vorn, voraus, früher** Bei uns ist es sieben Stunden später als in New York.
am, AM (*von lat.* ante meridiem) He said I should call him before 9 am.	**vormittags, morgens** Er sagte, ich solle vor 9 Uhr morgens anrufen.
annual	**jährlich**
appointment I'm afraid those two appointments clash.	**Termin** Leider überschneiden sich die zwei Termine.
battle against the clock It's a permanent battle against the clock.	**Wettkampf mit der Zeit** Es ist ein unaufhörlicher Wettkampf mit der Zeit
▪ **behind** *adv.* I'm way behind with this report.	**In Verzug** Ich bin mit diesem Bericht total in Verzug.
behind *prep.* The UK is an hour behind us.	**hinter, später** In Großbritannien ist es eine Stunde später als bei uns.
▪ **busy** Busy is not the word!	**beschäftigt** Beschäftigt ist gar kein Ausdruck!

	busy schedule Dr Martin has a very busy schedule.	**voller Terminkalender** Dr. Martin hat einen sehr vollen Terminkalender.
▪	**by** Will you have it finished by tomorrow?	**bis** Werden Sie es bis morgen fertig haben?
	calendar	**Kalender**
	Central European Time, CET	**mitteleuropäische Zeit, MEZ**
▪	**deadline** We've got to meet the deadline.	**(letzter) Termin, Stichtag** Wir müssen den Termin einhalten.
	deadline pressure	**Termindruck**
	desk diary	**Tischkalender**
▪	**diary** When you're as busy as me you can't get by without a diary.	**Terminkalender** Wenn Sie so beschäftigt sind wie ich, dann kommen Sie nicht ohne einen Terminkalender aus.
▪	**early** You're in early!	**früh(zeitig)** Du bist aber früh da!
	fall behind schedule	**in Rückstand geraten**
	go back/forward The clocks go back/forward an hour tonight.	**zurück-/vorgestellt werden** Die Uhren werden heute Nacht um eine Stunde zurück-/vorgestellt.
	Greenwich Mean Time, GMT	**Greenwicher Zeit, westeuropäische Zeit**
▪	**in time** Did the parcel arrive in time?	**rechtzeitig** Ist das Paket rechtzeitig angekommen?
	keep sth./sb. up to date Could you keep me up to date on developments?	**etw./j-n auf dem Laufenden halten** Könnten Sie mich über die Entwicklungen auf dem Laufenden halten?
▪	**keep up to date**	**auf dem Laufenden bleiben**

▪ **late** I'm going to be late for the meeting.	**spät** Ich werde spät zur Sitzung kommen.
leap year	**Schaltjahr**
▪ **local time** It's 10 am local time in Boston.	**Ortszeit** In Boston ist es 10 Uhr Ortszeit.
▪ **long-term**	**langfristig**
▪ **medium-term**	**mittelfristig**
on the dot *F* Our head of department always arrives at the office at 6.30 on the dot.	**pünktlich um, Punkt** Unser Abteilungsleiter kommt immer Punkt 6.30 Uhr im Büro an.
▪ **on time** Am I on time?	**pünktlich, rechtzeitig** Komme ich rechtzeitig?
p.a. (= per annum)	**pro Jahr**
pencil in Shall we pencil in Wednesday afternoon for the meeting?	**vormerken** Wollen wir uns den Mittwochnachmittag für die Besprechung vormerken?
▪ **plan ahead** You must learn to plan ahead.	**im Voraus planen** Sie müssen lernen, im Voraus zu planen.
pm, PM (*von lat.* post meridiem)	**nachmittags**
▪ **postpone** The meeting has been postponed until next week.	**aufschieben, verschieben** Die Sitzung ist auf nächste Woche verschoben worden.
prior to Can we get together prior to the meeting?	**vor** Können wir uns vor der Sitzung treffen?
priority I want you to give that report top priority.	**Priorität** Ich möchte, dass Sie dem Bericht oberste Priorität einräumen.
punctual	**pünktlich**

▪ **punctuality** Punctuality isn't her strong point.	**Pünktlichkeit** Pünktlichkeit ist nicht gerade ihre Stärke.
▪ **schedule** **– ahead of schedule** **– behind schedule** **– on schedule**	**Zeitplan** **– vor dem Zeitplan, vorzeitig** *adj./adv.* **– (mit dem Zeitplan) in Verzug** **– im Zeitplan liegend**
▪ **short-term** Our short-term goal is to break into the market.	**kurzfristig** Unser kurzfristiges Ziel ist, in den Markt einzudringen.
time management He doesn't know anything about time management.	**Zeitplanung** Er weiß nichts über Zeitplanung.
time pressure They're always under time pressure.	**Zeitdruck, Termindruck** Sie stehen immer unter Termindruck.
time scale What sort of time scale are we talking about?	**zeitlicher Rahmen, Zeitplan** Von welchem zeitlichen Rahmen sprechen wir denn?
time zone Which time zone are they in?	**Zeitzone** In welcher Zeitzone liegen sie?
tomorrow week I'd like the report by tomorrow week.	**morgen in einer Woche** Ich hätte den Bericht gern bis morgen in einer Woche.
▪ **up-to-date** These are the most up-to-date figures.	**aktuell** Dies sind die aktuellsten Zahlen.
▪ **within** They want a reply within 24 hours.	**innerhalb von** Sie wollen innerhalb von 24 Stunden eine Antwort.
wk (= week)	**W (= Woche)**
work ahead I'm trying to work ahead because next week is going to be frantic.	**vorarbeiten** Ich versuche vorzuarbeiten, weil es nächste Woche furchtbar hektisch sein wird.

7.4 Korrespondenz

▪ **above-mentioned**	**oben erwähnt**
approx., approximately	**ca., zirka**
▪ **asap, a.s.a.p.** **(= as soon as possible)** Please let us know asap.	**baldmöglichst, umgehend** Bitte geben Sie uns bald-möglichst Bescheid.
accompanying letter	**Begleitbrief, -schreiben**
▪ **acknowledge** Have they acknowledged receipt of the goods?	**bestätigen** Haben sie den Empfang der Waren bestätigt?
acknowledg(e)ment	**Bestätigung**
addendum	**Nachtrag**
annexe, *bsd. Am.* **annex**	**Anhang, Zusatz**
▪ **attach** Attached please find the minutes of the meeting.	**anhängen, beifügen** Beigefügt finden Sie das Protokoll der Sitzung.
attention: for the attention of	**zu Händen (von)**
attn (= attention) Attn. Mr Peter Smythe	**z. Hd. (= zu Händen von)** Z. Hd. Herrn Peter Smythe
▪ **business letter**	**Geschäftsbrief**
carbon copy I haven't seen a carbon copy of a letter for a long time.	**Durchschlag** Es ist lange her, dass ich das letzte Mal einen Durchschlag von einem Brief gesehen habe.
compliment slip You'll find my telephone numbers on the compliment slip.	**Empfehlungszettel, Empfehlungskarte** Meine Telefonnummern stehen auf der Empfehlungs-karte.
▪ **confidential** He has stamped the letter "Strictly Confidential".	**vertraulich** Er hat den Brief mit „Streng vertraulich" abgestempelt.
confirmation of order	**Auftragsbestätigung**
contd (= continued)	**fortg. (= fortgesetzt)**

	countersign Could you countersign just here, please?	**gegenzeichnen** Könnten Sie bitte hier gegenzeichnen?
▪	**covering letter**	**Begleitbrief**
▪	**date** What's the date today?	**Datum** Den Wievielten haben wir heute?
▪	**dictate** Joan, could I dictate a few letters to you now?	**diktieren** Joan, könnte ich Ihnen jetzt ein paar Briefe diktieren?
▪	**draft** *s.* Here's a draft of the letter.	**Entwurf** Hier ist ein Entwurf des Schreibens.
	draft *v.*	**entwerfen**
▪	**enclosed** Enclosed please find two copies of the contract.	**anbei, als Anlage** Als Anlage erhalten Sie den Vertrag in zweifacher Ausführung.
	enclosure, encl., Encl. (*pl.* **encls, Encls**)	**Anlage** (*pl.* **Anlagen**), **Anl.**
	follow-up letter	**Nachfassbrief, Folgeschreiben**
	grateful: I would be grateful if you could ...	**dankbar: Ich wäre Ihnen dankbar, wenn Sie ... könnten**
	handwritten There's a handwritten note from Dr Plater.	**handschriftlich** Da ist eine handschriftliche Notiz von Dr. Plater.
▪	**headed notepaper**	**Papier mit Briefkopf**
	illegible I find his scrawl totally illegible.	**unleserlich** Für mich ist seine Klaue völlig unleserlich.
▪	**letter**	**Brief, Schreiben**
▪	**letterhead** Would you like the letterhead centred or flush right?	**Briefkopf** Hätten Sie den Briefkopf gern zentriert oder rechtsbündig?

paragraph	**Absatz**
PTO (= please turn over)	**b. w. (= bitte wenden)**
re, re., Re, Re. Re: Your letter of 30/04/00	**Betreff** Betr.: Ihr Brief vom 30. 04. 2000
recd (= received)	**eingegangen**
ref, Ref (= reference) Your Ref. BJH 1023	**Aktenzeichen** Ihr Zeichen BJH 1023
▪ **refer** I refer to your letter of …	**sich beziehen auf** Ich beziehe mich auf Ihr Schreiben vom …
thanking you in advance/ anticipation	**vielen Dank im Voraus**
reply coupon	**Antwortschein**
postscript, PS There's a PS at the end of the letter.	**Nachschrift, Nachtrag** Am Ende des Briefs ist ein Nachtrag.
junk mail There's always so much junk mail in the post.	**Junkmail, (unerwünschte) Reklamesendungen** *pl.* Es sind immer eine Menge Reklamesendungen in der Post.
reference: with reference to	**bezugnehmend auf, in Bezug auf**
regard: with regard to	**in Bezug auf**
regarding I write regarding your offer of 21 June.	**bezüglich, sich beziehen auf** Ich beziehe mich auf Ihr Angebot vom 21. Juni.
▪ **regret: we regret to inform you that …**	**leider müssen wir Ihnen mitteilen, dass …**
▪ **reply** *s.* Have we had a reply yet?	**Antwort** Haben wir schon eine Antwort bekommen?
▪ **reply** *v.* I always reply to e-mails on the same day.	**antworten** Auf Mails antworte ich immer am gleichen Tag.
reply: in reply to your letter	**in Beantwortung Ihres Schreibens**

respond	**antworten**
response Have we had a response to our letter yet?	**Antwort** Haben wir schon eine Antwort auf unseren Brief bekommen?
rough draft This isn't the final letter, it's only a rough draft.	**erster Entwurf, Rohentwurf** Das ist nicht der endgültige Brief, sondern nur ein Rohentwurf.
▪ **sign** If you could sign just here, please.	**unterschreiben, unterzeichnen** Wenn Sie bitte an dieser Stelle unterzeichnen könnten.
▪ **signature** Could I have your signature, please?	**Unterschrift** Könnte ich bitte eine Unterschrift haben?
top copy Give me the top copy and file the other one away.	**Original** Geben Sie mir das Original und legen Sie das andere ab.
To Whom It May Concern	**Bescheinigung** *(bedeutet wörtlich: „wen es angeht" und steht beispielsweise als Überschrift auf einem Attest)*
To whom it may concern:	**Sehr geehrte Damen und Herren,** *(Anrede im Brief, wenn man die Namen der Personen nicht kennt)*
undersigned: the undersigned	**der/die Unterzeichnete(r), die Unterzeichneten**
w/o (= without)	**ohne**
▪ **write** Have you written to her yet?	**schreiben** Haben Sie ihr schon geschrieben?

7.5 Zeichensetzung

▪ **apostrophe** There should really be an apostrophe in "children's clothes".	**Apostroph** Eigentlich gehört ein Apostroph in „children's clothes".
▪ **asterisk**	**Sternchen**
backslash	**Backslash, umgekehrter Schrägstrich**
brackets, *Am.* **parentheses** You'd better put that in parentheses.	**Klammern** Das sollten Sie besser in Klammern setzen.
capital (letter) You should write the name of the town in capitals.	**Großbuchstabe** Der Name der Stadt sollte in Großbuchstaben erscheinen.
colon	**Doppelpunkt**
comma Remember: in most cases there isn't a comma before "that" in English.	**Komma** Merke dir: In den meisten Fällen kommt im Englischen vor „that" kein Komma.
dash A dash is usually longer than a hyphen.	**Gedankenstrich** Ein Gedankenstrich ist normalerweise länger als ein Bindestrich.
▪ **exclamation mark** There should be a comma, not an exclamation mark, after "Dear Sir".	**Ausrufezeichen** Nach „Dear Sir" kommt ein Komma und kein Ausrufezeichen.
forward slash	**Slash, Schrägstrich**
▪ **full stop,** *Am.* **period** Full stop, new paragraph.	**Punkt** *beim Diktieren:* Punkt, neuer Absatz.
▪ **hyphen** Would you put a hyphen after the first "o" in "cooperate"?	**Bindestrich** Würdest du nach dem ersten „o" in „cooperate" einen Bindestrich setzen?

▪ **inverted commas, quotation marks, quotes** Remember what inverted commas look like in English: “Sixty-six and ninety-nine, like washing hanging on a line.”	**Anführungszeichen** Vergessen Sie nicht, wie die Anführungszeichen in Englisch aussehen: „Sechsundsechzig und neunundneunzig, wie Wäscheklammern an der Leine.“
▪ **question mark**	**Fragezeichen**
semi-colon	**Strichpunkt, Semikolon**
square brackets	**eckige Klammern**

8 Neue Medien

8.1 Telekommunikation

answering machine, ▪ **answerphone**	**Anrufbeantworter**
answer the phone Nobody's answering (the phone).	**ans Telefon gehen** Es geht keiner ans Telefon.
area code What's the area code for Bristol?	**Vorwahl(nummer)** Wie lautet die Vorwahl für Bristol?
business call	**Dienstgespräch**
▪ **busy** The line's busy.	**besetzt** Die Leitung ist besetzt.
busy signal *Am.* I keep trying, but all I get is the busy signal.	**Besetztzeichen** Ich versuche es immer wieder, aber ich bekomme jedes Mal nur das Besetzt-zeichen.
▪ **call** *s.* Could you give me a call tomorrow?	**Anruf** Könnten Sie mich morgen anrufen?
▪ **call** *v.* Who's calling, please?	**anrufen** Wer spricht bitte?
call charge	**Gesprächsgebühr**
call forwarding	**Rufumleitung, Rufweiterschaltung**
call waiting	**anklopfen**
communications	**Telekommunikation** *sg.*
conference call	**Konferenzschaltung**

▪ **dialling** (*Am.* **dialing**) **code** A number of cities will receive a new dialling code in April.	**Vorwahl(nummer)** Einige Städte bekommen im April eine neue Vorwahl.
dialling (*Am.* **dial**) **tone**	**Wählton**
▪ **directory enquiries** *(sg.)* It's quite expensive ringing directory enquiries.	**Auskunft** Es ist ziemlich teuer, die Auskunft anzurufen.
▪ **engaged** Her fax has been engaged for the last half hour.	**besetzt** Ihr Faxgerät ist seit einer halben Stunde besetzt.
engaged signal/tone *Br.*	**Besetztzeichen**
▪ **extension (number)** What's your extension?	**Durchwahl(nummer)** Was haben Sie für eine Durchwahl?
▪ **fax** Can you fax it to me now?	**faxen** Können Sie es mir jetzt faxen?
fax (machine)	**Faxgerät**
fax connection How can you run a business without a fax connection?	**Faxanschluss** Wie kannst du ohne Faxanschluss ein Geschäft betreiben?
Freefone® *Br.* Freefone 0800 1234 for more information.	**1. gebührenfrei** **2. kostenloser Anruf** Für weitere Informationen, wählen Sie die gebührenfreie Nummer 0800 1234.
▪ **hang up** Whoever it was hung up straightaway.	**auflegen** Wer immer es war hat sofort wieder aufgelegt.
▪ **hold the line** Do you want to hold the line while I fetch her?	**bleiben Sie bitte am Apparat** Wollen Sie am Apparat bleiben, während ich sie herhole?
internal call	**internes Gespräch**

▪ **international call** All international calls have to go through the switchboard.	**Auslandsgespräch** Alle Auslandsgespräche müssen über die Vermittlung gehen.
journal The fax machine prints out a journal after every 30 transmissions.	**Sendebericht** Das Faxgerät druckt nach jeweils 30 Übertragungen einen Sendebericht.
▪ **local call** Could I use your phone to make a local call?	**Ortsgespräch** Könnte ich Ihr Telefon für ein Ortsgespräch benutzen?
▪ **mobile phone, mobile,** *bsd. Am.* **cellphone** Mobile phones are very handy.	**Mobiltelefon, Handy** Handys sind sehr praktisch.
outside call For outside calls you have to press 9 first.	**externes Gespräch** Für externe Gespräche müssen Sie zuerst die 9 drücken.
▪ **payphone** Private calls can be made on the payphone on each floor.	**Münztelefon** Privatgespräche können Sie am Münztelefon auf jeder Etage führen.
▪ **phone** *s.* Mr Peebles is still on the other phone.	**Telefon, Apparat** Herr Peebles ist noch am anderen Apparat.
phone *v.* Phone me as soon as she arrives.	**anrufen** Rufen Sie mich an, sobald sie da ist.
phonecard	**Telefonkarte**
private call	**Privatgespräch**
▪ **put through** I'll just put you through to him.	**durchstellen** Ich stelle Sie eben durch.
queue You have been put in a queue.	**Warteschleife** *(am Telefon)* Sie sind in einer Warteschleife.

return sb.'s call Please leave your phone number and we'll return your call as soon as possible.	**j-n zurückrufen** Hinterlassen Sie bitte Ihre Telefonnummer und wir rufen Sie so bald wie möglich zurück.
telecommunications	**Telekommunikation** *sg.*
▪ **telephone: over the telephone**	**telefonisch, am Telefon**
▪ **telephone directory** Look it up in the telephone directory.	**Telefonbuch, Telefonverzeichnis** Schau doch im Telefonbuch nach.
(telephone) extension	**Nebenstelle, Durchwahl**
(telephone) receiver	**(Telefon)Hörer**
toll-free *Am.* **– toll-free call**	**gebührenfrei, kostenlos** **– kostenloser Anruf**
tone dialling (*Am.* **dialing**)	**Tonwahlverfahren**
touch-tone phone	**Tastentelefon**
Yellow Pages® Try looking them up in the Yellow Pages.	**Gelbe Seiten®** Schauen Sie doch, ob sie in den Gelben Seiten stehen.

8.2 Computer

abort	**abbrechen**
▪ **access** How do I access my program files?	**zugreifen auf** Wie kann ich auf meine Programmdateien zugreifen?
access time	**Zugriffszeit**
add-on memory	**Zusatzspeicher**
alphanumeric	**alphanumerisch**
analog-to-digital converter	**Analog-Digital-Wandler**
applications package The applications package comes free with the computer.	**Anwendungspaket** Das Anwendungspaket bekommt man umsonst mit dem Computer.

▪ **arrow key** With the arrows keys you can move the cursor up and down and left and right.	**Pfeiltaste** Mit den Pfeiltasten können Sie den Cursor nach oben, nach unten sowie nach links und rechts bewegen.
available disk space How can I check my available disk space?	**verfügbarer (Festplatten)Speicherplatz** Wie kann ich feststellen, wie viel Festplattenspeicherplatz verfügbar ist?
▪ **back up** You should always back up your files before switching off.	**sichern** Man sollte seine Dateien immer vor dem Ausschalten sichern.
▪ **backup (copy)** I've got a backup copy on a floppy disk.	**Sicherungskopie** Ich habe eine Sicherungskopie auf einer Diskette.
backup file You should always create backup files.	**Sicherungsdatei** Sie sollten immer Sicherungsdateien erstellen.
batch file	**Stapeldatei**
binary	**binär**
▪ **boot up**	**booten**
▪ **bug** There seems to be some kind of bug in the system.	**Programmfehler, Wanze** Es scheint irgendein Programmfehler im System zu sein.
call up Can you call up that last file again?	**aufrufen** Können Sie diese letzte Datei noch einmal aufrufen?
▪ **cancel** *vt/i.* Press Ctrl + Z to cancel what you have just done.	**abbrechen, stornieren** Drück Strg + Z, um das, was du gerade ausgeführt hast, abzubrechen.
▪ **click (on)** Click (on) the icon to call up the program.	**(an)klicken** Klick das Icon an, um das Programm aufzurufen.

clipboard You can copy the addresses onto the clipboard and move them to another file later.	**Zwischenablage, Clipboard** Du kannst die Adressen in die Zwischenablage kopieren und später in eine andere Datei einfügen.
close	**schließen**
▪ **command**	**Befehl**
computer-aided	**computergestützt, computerunterstützt**
▪ **computer literate** You have to be computer literate for the job.	**mit guten EDV-Kenntnissen** Für die Stelle muss man sich mit Computern auskennen.
computer scientist	**Informatiker(in)**
computer workplace	**PC-Arbeitsplatz**
▪ **convert** Please convert all files to Word 7 before e-mailing them.	**konvertieren** Bitte konvertieren Sie alle Dateien in Word 7, bevor Sie sie mailen.
CPU (= central processing unit)	**CPU, ZE (= Zentraleinheit)**
▪ **crash** My computer crashed this morning.	**abstürzen** Mein Computer ist heute Morgen abgestürzt.
▪ **create a file**	**eine Datei anlegen**
▪ **data** *mst. sg.* This data is corrupt.	**Daten** Diese Daten sind beschädigt.
▪ **database** We're putting all the addresses onto a database.	**Datenbank** Wir legen alle Adressen in einer Datenbank ab.
database management	**Datenbankverwaltung**
▪ **data processing, DP**	**Datenverarbeitung, DV**
data protection	**Datenschutz**
data protection law	**Datenschutzgesetz**
debug The whole system will have to be debugged.	**Programmfehler bereinigen** Das ganze System muss von Programmfehlern bereinigt werden.

default	**Standardeinstellung, Standardwert**
▪ **default …** Times New Roman is my default font.	**Vorgabe…, Standard…** „Times New Roman“ ist meine Standardschriftart.
digitize	**digitalisieren**
▪ **directory** I want to move these files to a new directory.	**Verzeichnis, Ordner** Ich möchte diese Dateien in ein neues Verzeichnis übertragen.
disk, diskette	**Diskette**
▪ **disk drive**	**Diskettenlaufwerk**
down The system's down at the moment.	**nicht verfügbar** Das Netz ist zurzeit nicht verfügbar.
▪ **download** It took 15 minutes to download that picture file.	**laden** Es hat 15 Minuten gedauert, die Bilddatei zu laden.
downtime Downtime costs the company a lot of money.	**Ausfallzeit(en *pl.*), Stillstandszeit(en *pl.*)** Ausfallzeiten kosten die Firma sehr viel Geld.
▪ **drive** The G drive is usually the CD-ROM drive.	**Laufwerk** Das Laufwerk G ist meistens das CD-ROM-Laufwerk.
driver	**Treiber**
edit	**bearbeiten**
emoticons (= emote icons; *Kunstwort*)	**„Emoticons“** *(Symbole, um Gefühlsregungen darzustellen)*
▪ **enter** I've entered the data. What do I do now?	**eingeben** Ich habe die Daten eingegeben. Was soll ich jetzt tun?
▪ **erase**	**löschen**
error message I keep getting an error message when I try to access that file.	**Fehlermeldung** Ich bekomme dauernd eine Fehlermeldung, wenn ich versuche, auf die Datei zuzugreifen.

▪ **escape**	**abbrechen**
expanded memory My expanded memory is filling up fast.	**Erweiterungsspeicher** Mein Erweiterungsspeicher füllt sich schnell.
fatal error	**unbehebbarer Fehler**
▪ **file** You can change the file name by highlighting it, right-clicking and then clicking on Rename.	**Datei** Sie können die Datei umbenennen, indem Sie sie markieren, rechts klicken und dann auf „Umbenennen" klicken.
file management program	**Dateiverwaltungsprogramm**
firewall	**Zugangsschutzsystem, Fire-Wall-Abschottung**
▪ **floppy** You should take the floppy out of the drive before you shut down the computer.	**Diskette** Du solltest die Diskette aus dem Laufwerk nehmen, bevor du den PC abschaltest.
floppy disk drive	**Diskettenlaufwerk**
▪ **format** These disks are already formatted.	**formatieren** Diese Disketten sind bereits formatiert.
GIGO (= garbage in, garbage out) *F*	**Müll rein, Müll raus** *F*
hard copy Please submit your manuscript on disk or CD-ROM and in hard copy.	**Ausdruck, Hardcopy** Bitte reichen Sie Ihr Manuskript auf Diskette bzw. CD-ROM und als Ausdruck ein.
▪ **hard disk**	**Festplatte**
hard disk drive	**Festplattenlaufwerk**
highlight You can highlight a word by double-clicking on it.	**markieren** Sie können ein Wort per Doppelklick markieren.
home computer	**Heimcomputer**
idle time	**Leerlaufzeit(en** *pl.*)**, Stillstandszeit(en** *pl.*)

▪	**information technology, IT** She works in IT.	**elektronische Datenverarbeitung, EDV** Sie arbeitet im EDV-Bereich.
	input	**eingeben**
	input data	**Eingabedaten**
	insert Insert the CD-ROM into the CD-ROM drive and click on Run.	**einlegen** Legen Sie die CD-ROM in Ihr CD-ROM-Laufwerk ein und klicken Sie auf Ausführen.
▪	**install** It's more convenient if you install the program from the CD onto your hard drive.	**installieren** Es ist praktischer, wenn Sie das Programm von der CD auf Ihre Festplatte installieren.
▪	**interface**	**Schnittstelle**
	light-emitting diode, LED	**Leuchtdiode, LED**
	line feed	**Zeilenvorschub**
	liquid crystal display, LCD	**Flüssigkristallanzeige, LCD**
	local area network, LAN	**lokales Netz, LAN**
▪	**log in/on**	**sich anmelden, einloggen**
▪	**log off** How many times have you logged on and off today?	**sich abmelden, ausloggen** Wie oft hast du dich heute ein- und ausgeloggt?
	machine-readable	**maschinenlesbar**
▪	**mainframe** Mainframes keep coming down in size.	**Großrechner** Großrechner werden immer kleiner.
	main memory	**Hauptspeicher**
	mains adaptor	**Netzadapter**
▪	**memory** Picture files take up a lot of memory.	**Speicher** Bilddateien brauchen sehr viel Speicherplatz.
▪	**motherboard** It's cheaper to buy a new computer than to replace the motherboard.	**Hauptplatine** Es ist billiger, einen neuen PC zu kaufen, als die Hauptplatine zu ersetzen.
▪	**network**	**Netz**

▪ **operating system** Which operating system do you use?	**Betriebssystem** Was benutzen Sie für ein Betriebssystem?
▪ **password**	**Passwort, Kennwort**
▪ **path**	**Pfad**
peripheral You can spend more on peripherals than on the computer itself.	**Peripheriegerät** Peripheriegeräte können einen teurer kommen als der PC selbst.
(personal) organizer	**elektronisches Notizbuch**
pirate copy	**Raubkopie**
▪ **plug in**	**einstecken, einstöpseln**
port **– parallel port** **– serial port**	**Anschluss** **– paralleler Anschluss** **– serieller Anschluss**
▪ **power up**	**einschalten, starten**
▪ **press** Press "i" while holding down the Ctrl-key.	**drücken** Drücken Sie auf „i" während Sie die Steuerungstaste gedrückt halten.
processor	**Prozessor, Zentraleinheit**
program *s.*	**Programm**
▪ **program** *v.* He can program computers but he can only type with two fingers.	**programmieren** Er kann zwar Computer programmieren, aber nur nach der Zweifingermethode tippen.
program file	**Programmdatei**
programmer	**Programmierer(in)**
programming language	**Programmiersprache**
RAM **(= random access memory)** I've got 4 megabytes of RAM.	**RAM** **(= Direktzugriffsspeicher)** Ich habe 4 Megabyte RAM.
read	**einlesen**
▪ **read-only, write-protected** You can't edit a read-only file.	**schreibgeschützt** Man kann eine schreibgeschützte Datei nicht bearbeiten.

▪ **real time**	**Echtzeit**
▪ **real-time processing**	**Echtzeitverarbeitung**
▪ **reboot** You should wait for 30 seconds or so before rebooting.	**neu booten, starten** Du solltest etwa 30 Sekunden warten, bevor du neu bootest.
▪ **recover** How do I recover the file I just deleted?	**wiederherstellen** Wie stelle ich die Datei wieder her, die ich gerade gelöscht habe?
remove	**entfernen**
restart	**neustarten**
▪ **restore** It's easy to restore files from the recycle bin.	**wiederherstellen** Dateien aus dem Papierkorb wiederherzustellen ist ganz einfach.
retrieve	**abrufen**
ROM (= read-only memory)	**ROM (= Festspeicher)**
▪ **root directory**	**Stammverzeichnis**
▪ **save** I'm going to save the files to a zip disk.	**speichern** Ich werde die Dateien auf einer Zipdiskette abspeichern.
scan in	**einscannen**
▪ **search** You can also search for tab stops.	**suchen** Sie können auch Tabstopps suchen.
▪ **search and replace**	**Suchen/Ersetzen**
smart card	**Chipkarte, Smartcard**
software bundle Most computers come with a free software bundle.	**Softwarepaket** Die meisten Computer werden mit einem kostenlosen Softwarepaket geliefert.
▪ **subdirectory**	**Unterverzeichnis**
system crash	**Absturz**
troubleshooting	**Störungssuche**

upgradable You should choose a computer that is upgradable.	**ausbaufähig** Sie sollten einen Computer wählen, der erweiterbar ist.
▪ **upgrade**	**verbessern, erweitern**
view	**lesen**
▪ **wild card**	**Joker, Globaloption, Platzhalter**
▪ **word processing** Do you have word processing skills?	**Textverarbeitung** Kennen Sie sich mit Textverarbeitung aus?
▪ **word processor**	**Textverarbeitungssystem**
▪ **write: write to disk** He wrote the report straight to disk.	**auf Diskette schreiben** Er hat den Bericht direkt auf Diskette geschrieben.
Y2K compatible My computer wasn't Y2K compatible, so I had to get a new one.	**Jahr-2000-tauglich/-fähig** Mein Computer war nicht Jahr-2000-tauglich, also habe ich mir einen neuen anschaffen müssen.

8.3 Bildschirm und Tastatur

▪ **Alt, Alt key** Press Alt + 0163 for the £ sign.	**Alt, Alt-Taste** Drücken Sie Alt + 0163 für das Pfundzeichen.
▪ **at sign (@)** All e-mail addresses have an at sign between the name and the ISP.	**Klammeraffe** *F* Alle E-Mail-Adressen haben einen Klammeraffen zwischen dem Namen und dem Provider.
backspace	**Rückschritt, Rücktaste**
▪ **bold** I would put the headings in bold type.	**fett** Ich würde die Überschriften in fetter Schrift schreiben.

CAD/CAM (= computer-aided design and manufacturing) Most carmakers use CAD/CAM when designing new models.	**CAD/CAM (= computer-unterstützte Entwicklung und Fertigung)** Die meisten Autohersteller benutzen CAD/CAM beim Design neuer Modelle.
▪ **caps lock key** If you press the caps lock key, everything appears in capitals.	**Feststelltaste (für Umschalttaste)** Wenn du die Feststelltaste drückst, erscheint alles in Großbuchstaben.
▪ **case-sensitive: be case-sensitive** Passwords are case-sensitive.	**nach Groß- und Kleinbuch-staben unterscheiden** Passworte unterscheiden zwischen Groß- und Klein-buchstaben.
centre, *Am.* **center** You could centre your letterhead.	**zentrieren** Du könntest den Briefkopf zentrieren.
colour (*Am.* **color**) **display**	**Farbbildschirm, Farbdisplay**
▪ **column**	**Spalte**
▪ **command key**	**Befehlstaste**
▪ **control key, CTRL key**	**Steuertaste, Control-Taste, STRG-Taste**
▪ **cut and paste** You can copy the paragraph to another file by using cut and paste.	**Ausschneiden und Einfügen** Sie können den Absatz durch Ausschneiden und Einfügen in eine andere Datei kopieren.
▪ **delete**	**löschen**
delete key	**Löschtaste**
desktop publishing, DTP	**Desktop-Publishing, DTP**
▪ **display** I find this display too small.	**Bildschirm, Display** Dieser Bildschirm ist für mich zu klein.
dots per inch, dpi	**Punkte pro Zoll**

▪ **double spacing** Double spacing makes it easier to read.	**zweizeiliger Abstand** Mit zweizeiligem Abstand ist es einfacher zu lesen.
▪ **double-click** Double-click anywhere in the word, and it will be highlighted.	**doppelt anklicken** Wenn du das Wort an irgendeiner Stelle doppelt anklickst, wird es markiert.
drop-down menu	**Pull-down-Menü**
▪ **flicker-free** LCD displays are flicker-free.	**flimmerfrei** LCD-Anzeigen sind flimmerfrei.
▪ **font** Choose a font that's easy to read.	**Schriftart** Wählen Sie eine leicht lesbare Schriftart.
▪ **footer** You can put the date, page number and name of the file in the footer.	**Fußzeile** In der Fußzeile können Sie das Datum, die Seitenzahl und den Dateinamen einfügen.
graphics It's an excellent graphics program suited to professional use.	**Grafik** *sg.* Es ist ein ausgezeichnetes Grafikprogramm, das sich auch für den professionellen Gebrauch eignet.
graphics card	**Grafikkarte**
▪ **header**	**Kopfzeile**
▪ **help key**	**Hilfstaste**
help menu You should use the help menu before ringing me up.	**Hilfemenü** Du solltest das Hilfemenü benutzen, bevor du mich anrufst.
high-resolution	**hochauflösend**
icon	**Symbol, Icon**
▪ **indent** In business letters, paragraphs generally aren't indented.	**einrücken** In Geschäftsbriefen werden Absätze im Allgemeinen nicht eingerückt.

▪ **italics** The title of the book should be in italics.	**Kursivschrift** Der Titel des Buchs sollte in Kursivschrift sein.
key Press both keys at the same time.	**Taste** Drücken Sie gleichzeitig auf beide Tasten.
▪ **keyboard**	**Tastatur**
▪ **key in** I've keyed in all the data.	**eingeben** Ich habe alle Daten eingegeben.
▪ **keypad**	**Tastenfeld**
keystroke	**(Tasten)Anschlag**
▪ **landscape format** Landscape format is more suitable for this spreadsheet.	**Querformat** Das Querformat eignet sich für diese Tabellenkalkulation besser.
LCD, liquid crystal display	**LCD-Anzeige, Flüssigkristallanzeige**
▪ **leave a space**	**einen Leerschritt eingeben**
LED display, light-emitting diode display	**LED-Anzeige, Leuchtdiodenanzeige**
▪ **left-justified**	**linksbündig**
▪ **lower case: (in) lower case** My password is all (in) lower case.	**in Kleinbuchstaben** Mein Passwort ist durchgehend in Kleinbuchstaben.
lower-case letter	**Kleinbuchstabe**
▪ **margin**	**Rand**
menu bar	**Menüleiste**
mouse Have you tried using the mouse with your left hand?	**Maus** Haben Sie versucht, die Maus mit Ihrer linken Hand zu benutzen?
mousemat, mousepad I prefer a plain mousemat without any pictures.	**Mousepad** Mir ist eine einfaches Mousepad ohne Bilder lieber.
▪ **mouse pointer**	**Mauszeiger**

▪ **navigation bar** Your navigation bar should have a "bookmark" option.	**Navigationsbalken, -leiste** Ihre Navigationsleiste sollte eine „Lesezeichen"-Option haben.
numeric **– numeric keypad**	**numerisch** **– Zifferntastatur**
overwrite OVR is the abbreviation for overwrite.	**überschreiben, einfügen** »OVR« ist die englische Abkürzung für »overwrite« (überschreiben). *(D. h. die engl. OVR-Taste entspricht der dt. Einfg-Taste, die für den Überschreibemodus verwendet wird)*
page break	**Seitenumbruch**
paste You can paste the chart anywhere in your file.	**einkleben;** *hier:* **einfügen** Du kannst das Diagramm irgendwo in deine Datei einfügen.
pixel	**Bildpunkt, Pixel**
pop-up menu	**Balkenmenü**
pull-down menu	**Balkenmenü**
QWERTY keyboard	**QWERTY-Tastatur** *(die übliche englische Tastatur mit diesen Buchstaben in der obersten Buchstabenreihe)*
▪ **resolution** I need a monitor with a higher resolution.	**Auflösung** Ich brauche einen Monitor mit einer höheren Auflösung.
▪ **right-justified** I prefer my address in the letterhead to be right-justified rather than centred.	**rechtsbündig** Mir ist der Briefkopf rechtsbündig lieber als zentriert.
▪ **screen**	**Bildschirm**
▪ **screensaver** You can download screensavers from the Internet.	**Bildschirmschoner** Man kann Bildschirmschoner aus dem Internet herunterladen.

▪ **scroll**	**blättern, rollen**
scroll bar	**Rollbalken**
▪ **shift key** Shift + F2 gives you double spacing.	**Umschalttaste** Wenn Sie die Umschalttaste + F2 drücken, bekommen Sie einen doppelzeiligen Abstand.
▪ **single spacing**	**einzeiliger Abstand**
▪ **space** Some people leave two spaces between sentences.	**Leerschritt** Manche Leute lassen zwei Leerschritte zwischen Sätzen.
▪ **space bar**	**Leertaste**
spacing What sort of line spacing has it got?	**Abstand, Durchschuss** Was für einen Zeilendurchschuss hat es?
speech recognition, speech verification	**Spracherkennung**
▪ **spellchecker** I'm just going to run the spellchecker through the report.	**Rechtschreibprogramm** Ich lasse den Bericht mal eben vom Rechtschreibprogramm prüfen.
spreadsheet	**Kalkulationstabelle, Spreadsheet**
spreadsheet program I do all my accounts with a spreadsheet program.	**Tabellenkalkulationsprogramm** Ich mache meine ganze Buchführung mit einem Tabellenkalkulationsprogramm.
▪ **status bar**	**Statuszeile**
subscript	**tiefgestelltes Zeichen**
superscript	**hochgestelltes Zeichen**
▪ **tab stop** You can use find and replace to delete the tab stops.	**Tabulatorstopp** Du kannst mit Suche und Ersetze alle Tabulatorstopps entfernen.
tabulate	**tabellarisch anordnen**

▪ **template** It's much easier using a template.	**Dokumentenvorlage** Es ist mit einer Dokumentenvorlage viel einfacher.
▪ **tool bar**	**Symbolleiste**
type area The type area could be bigger.	**Satzspiegel** Der Satzspiegel könnte größer sein.
typeface There are so many typefaces to choose from.	**Schriftart** Es gibt so viele Schriftarten zur Auswahl.
▪ **underline**	**unterstreichen**
unjustified I would leave the right margin unjustified.	**im Flattersatz** Ich würde den rechten Rand im Flattersatz lassen.
▪ **upper case: (in) upper case**	**in Großbuchstaben/Versalien**
upper-case letter	**Großbuchstabe**
▪ **VDU (= visual display unit)** VDU work can strain the eyes.	**Bildschirmgerät** Bildschirmarbeit kann für die Augen anstrengend sein.
voice-activated If you can't type you can use a voice-activated PC.	**sprachaktiviert** Wenn du nicht tippen kannst, kannst du einen sprachaktivierten PC verwenden.
▪ **voice recognition**	**Spracherkennung**
▪ **window** You can have several windows open at the same time.	**Fenster** Sie können mehrere Fenster gleichzeitig geöffnet haben.
WYSIWYG (= what you see is what you get)	**WYSIWYG** *(= wirklichkeitsgetreue Darstellung auf dem Bildschirm)*

8.4 Drucker

▪ **cartridge** Toner cartridges are very expensive.	**Kartusche, Patrone** Tonerkartuschen sind sehr teuer.
dot matrix printer	**Matrixdrucker**
▪ **high-speed printer**	**Schnelldrucker**

▪ **inkjet printer**	**Tintenstrahldrucker**
jam Have you cleared the paper jam yet?	**Stau** Hast du den Papierstau schon beseitigt?
laser printer You'll get the best quality from a laser printer.	**Laserdrucker** Mit einem Laserdrucker bekommt man die beste Qualität.
letter quality	**Schönschrift**
near letter quality, NLQ	**NLQ-Druckmodus, beinahe Schönschrift**
near-letter-quality printer	**Schönschriftdrucker**
▪ **out of paper**	**Papier nachfüllen**
paper feed	**Papiereinzug**
paper tray	**Papierschacht**
▪ **print** It prints an average of six pages a minute.	**drucken** Er druckt durchschnittlich sechs Seiten pro Minute.
printer	**Drucker**
▪ **printer driver**	**Druckertreiber**
▪ **print out** How many copies do you want me to print out?	**ausdrucken** Wie viele Exemplare soll ich ausdrucken?
▪ **printout**	**Ausdruck**
▪ **sheet** You can feed the sheets in manually.	**Blatt, Bogen** Sie können die Blätter manuell einlegen.

8.5 Internet und E-Commerce

▪ **browse the Net**	**durchs Netz bummeln**
compress It's faster to send compressed files.	**komprimieren** Es geht schneller, komprimierte Dateien zu schicken.
cybermoney	**Cybergeld**
▪ **e-commerce** E-commerce is big business these days.	**E-Commerce, Internethandel** Internethandel ist heute das große Geschäft.

electronic currency	**elektronische Währung**
FAQ (= frequently asked questions)	**FAQ (= häufig gestellte Fragen)**
global network	**globales Netz**
▪ **information (super)highway** The government wants to give everyone access to the information highway.	**Datenautobahn, Infobahn** Die Regierung will jedem den Zugang zur Datenautobahn ermöglichen.
Integrated Services Digital Network, ISDN Do you have an ISDN line?	**integriertes Dienstleistungsdatennetz, ISDN** Haben Sie einen ISDN-Anschluss?
Internet piracy The record industry has lost vast sums of money through Internet piracy.	**Raubkopien im Internet** Die Schallplattenindustrie hat enorme Geldsummen durch Raubkopien im Internet verloren.
▪ **Internet trader**	**Internet-Händler(in)**
▪ **ISP (= Internet Service Provider)** There are plenty of free ISPs around these days.	**Netzprovider, Internet-Provider** Heutzutage gibt es jede Menge kostenlose Netzprovider.
newbie *F*	**Newbie** *F*, **Internet-Neuling**
▪ **search engine** I've found a really fast search engine.	**Suchmaschine** Ich habe eine superschnelle Suchmaschine entdeckt.
▪ **spam, spam mail** *F* It's even worse when spam mail takes ages to download.	**Werbemüll im Internet** Noch schlimmer ist es, wenn es ewig dauert, den Werbemüll runterzuladen.
spamming *F*	**Verbreitung von Werbemüll im Internet, Spamming** *F*
▪ **Web page** Have you got your own Web page yet?	**Internetseite** Haben Sie schon Ihre eigene Internetseite?
website	**Web-Seite**

Einige „Emoticons“:

:-) glücklich

:-D laut auflachend

;-) augenzwinkernd

:-(traurig

:-e enttäuscht

:-I ernst

:-> boshafte Bemerkung

>:-) boshaftes Grinsen

:-@ Schrei, schreiend

:-/ skeptisch, unentschlossen

:-o überrascht, schockiert

:-< traurig

:'-(weinend

:-* Kuss

}:> Teufel

[] Umarmung

:-& bring keinen Ton heraus

9 Steuern und Zoll

accounting year The company's accounting year begins on October 1st.	**Geschäftsjahr, Haushaltsjahr, Rechnungsjahr** Das Geschäftsjahr der Firma beginnt am 1. Oktober.
▪ **accounts** *Br.* Your accounts for this year should be finalized by 30th September.	**Jahresabschluss** *sg.*; **Geschäftsbücher, Konten** Ihr Jahresabschluss für dieses Jahr sollte bis 30. September fertig gestellt sein.
▪ **after tax** Profits after tax have dropped by 5%.	**nach Steuern** Der Gewinn nach Steuern ist um 5% gefallen.
allowable Are these allowable expenses?	**absetzbar** Sind diese Kosten (steuerlich) absetzbar?
▪ **allowance** The minimum allowance is £2,400.	**(Steuer)Freibetrag** Der Mindeststeuerfreibetrag beträgt £ 2.400.
assessed value	**Einheitswert**
assessment year That sum can be carried over to the next assessment year.	**Steuerjahr, Veranlagungsjahr** Die Summe kann ins nächste Steuerjahr vorgetragen werden.
▪ **audit** The company accounts are always audited by different auditors.	**(Geschäftsbücher) prüfen** Der Jahresabschluss wird immer von verschiedenen Rechnungsprüfern geprüft.

audit The annual audit takes place in February.	**(Buch)Prüfung, Wirtschaftsprüfung** Die Jahresabschlussprüfung findet im Februar statt.
▪ **auditor** They're sending three auditors this time.	**(Rechnungs)Prüfer** Dieses Mal schicken sie drei Buchprüfer.
▪ **back tax(es)** They owe about two million dollars in back tax.	**Steuerrückstände, Nachsteuern** Sie haben Steuerrückstände von etwa 2 Millionen Dollar.
bad debt Bad debts should be included in your tax return.	**uneinbringliche Forderung** Uneinbringliche Forderungen sollten in Ihrer Steuererklärung aufgeführt werden.
▪ **basic rate (of tax)** The government promised to bring the basic rate of tax down to 15%.	**Eingangssteuersatz** Die Regierung hat versprochen, den Eingangssteuersatz auf 15% zu reduzieren.
▪ **before tax** What was the company income before tax?	**vor (Abzug der) Steuern** Wie hoch war das Einkommen der Firma vor (Abzug der) Steuern?
black money	**Schwarzgeld**
bonded warehouse The goods stay in the bonded warehouse until customs duty has been paid.	**Zolllager** Die Ware bleibt im Zolllager, bis der Zoll bezahlt ist.
▪ **capital allowances** Capital allowances apply to things like buildings and machinery.	**steuerliche Abschreibungen** Steuerliche Abschreibungen gelten zum Beispiel für Gebäude und Maschinen.
▪ **capital gains tax** Profits made from selling shares are liable to capital gains tax.	**Wertzuwachssteuer** Gewinne aus dem Verkauf von Aktien unterstehen der Wertzuwachssteuer.

▪ **corporation tax** The company is eligible for corporation tax relief.	**Körperschaftsteuer** Die Firma hat Anspruch auf eine Entlastung der Körperschaftsteuer.
▪ **customs duty** Customs duty has to be paid on imported goods.	**Zollabgabe** Für importierte Waren muss man Zoll bezahlen.
depreciation rate The depreciation rate on new plant has been decreased.	**Abschreibungssatz** Der Abschreibungssatz für neue Betriebsanlagen ist reduziert worden.
depreciation for tax purposes *Br.*	**steuerliche Abschreibung**
▪ **donation**	**Spende**
double taxation treaty (*oder:* **convention)** The double taxation treaty ensures that you are not liable for tax in both countries.	**Doppelbesteuerungsabkommen** Das Doppelbesteuerungsabkommen stellt sicher, dass man nicht in beiden Ländern steuerpflichtig ist.
dutiable These are dutiable goods.	**zollpflichtig** Das sind zollpflichtige Waren.
▪ **duty** Duty has already been paid on this consignment.	**Zollabgabe** Für diese Sendung ist bereits Zoll bezahlt worden.
employee allowance	**Arbeitnehmerfreibetrag**
▪ **excise duty** Alcohol and petrol are subject to excise duty.	**Verbrauchssteuer** Alkohol und Benzin sind verbrauchssteuerpflichtig.
▪ **exempt** In England books are still exempt from VAT.	**befreit, ausgenommen** Bücher sind in England immer noch mehrwertsteuerfrei.
financial statements	**Jahresabschluss** *sg.*
▪ **financial year**	**Geschäftsjahr**
▪ **fiscal** Many small business are disappointed with the government's fiscal policy.	**fiskalisch, steuerlich** Viele Kleinunternehmen sind von der Steuerpolitik der Regierung enttäuscht.

fiscal year, business year, tax year	**Geschäftsjahr, Steuerjahr, Veranlagungszeitraum**
HM Customs and Excise (= Her Majesty's Customs and Excise)	**britische Zoll- und Steuerbehörde**
▪ **import duty**	**Einfuhrzoll**
in bond The whisky is being kept in bond in a London warehouse.	**unter Zollverschluss** Der Whisky wird in einem Londoner Depot unter Zollverschluss aufbewahrt.
income Your income has gone up by 15%.	**Einkommen** Ihr Einkommen ist um 15% gestiegen.
▪ **income tax** The top rate of income tax is currently 40%.	**Einkommenssteuer, Ertragssteuer** Der höchste Einkommenssteuersatz beträgt zurzeit 40%.
▪ **Inland Revenue, IR** *Br.* Payment should reach the Inland Revenue by 30th July.	**Steuerbehörde** Zahlungen müssen bis zum 30. Juli bei der Steuerbehörde eintreffen.
Institute of Chartered Accountants *Br.*	**Institut der Wirtschaftsprüfer**
▪ **Internal Revenue Service** *Am.*	**Bundessteuerbehörde** *Am.*
investment income	**Anlagenerträge, Vermögenserträge**
▪ **invoice** You should keep copies of all the invoices you send out.	**Rechnung** Sie sollten Kopien sämtlicher Rechnungen aufbewahren, die Sie verwenden.
levy *s.*	**Abgabe**
levy *v.*	**erheben, eintreiben**
▪ **liable to tax**	**steuerpflichtig**
▪ **married couples' allowance** Only one person can claim the married couples' allowance.	**Ehegattenfreibetrag** Nur eine Person kann den Ehegattenfreibetrag beantragen.

non-taxable This amount comes under non-taxable income.	**nicht zu versteuernd** Diese Summe gehört zum nicht zu versteuernden Einkommen.
▪ **pay-as-you-earn, PAYE** With the PAYE system, tax is deducted and paid direct to the government by your employer.	**Quellenabzugsverfahren** Beim Quellenabzugsverfahren wird die Steuer vom Arbeitgeber abgezogen und direkt an die Regierung weitergeleitet.
personal income tax	**Einkommenssteuer**
▪ **pre-tax** Pre-tax profits are going to be higher this year.	**vor (Abzug der) Steuern** Der Gewinn vor Steuern wird dieses Jahr höher sein.
property tax	**Vermögenssteuer**
▪ **self-assessment** Since self-assessment was introduced, everyone has to submit a tax return.	**Selbstveranlagung** Seit die Selbstveranlagung eingeführt wurde, muss jeder eine Steuererklärung einreichen.
▪ **tax** *s.* You don't have to pay tax if you earn less than £10,000.	**Steuer** Wenn man weniger als £ 10.000 verdient, muss man keine Steuer zahlen.
▪ **tax** *v.* Luxury goods are heavily taxed in this country.	**besteuern** Luxusgüter sind hierzulande hoch besteuert.
▪ **taxable** This column shows your taxable income.	**steuerpflichtig** Diese Spalte zeigt Ihr steuerpflichtiges Einkommen.
tax advantage	**Steuervorteil**
▪ **tax allowance**	**Steuerfreibetrag**
taxation The taxation laws changed on April 1st.	**Besteuerung** Die Steuergesetze wurden am 1. April geändert.
tax audit	**Steuerprüfung**

▪ **tax avoidance** Tax avoidance is quite legal, unlike tax evasion.	**Steuervermeidung, Steuerumgehung** Steuervermeidung ist im Gegensatz zu Steuerhinterziehung ganz legal.
▪ **tax bracket**	**Steuergruppe, Steuerklasse**
tax break, tax concession	**Steuervergünstigung**
tax burden The company is trying to lower its tax burden.	**Steuerlast, steuerliche Belastung** Die Firma versucht, ihre Steuerlast zu vermindern.
tax code	**Steuerkennziffer**
tax collector	**Steuerbehörde, Finanzamt**
▪ **tax credit** You have a tax credit of $2,546.	**Steuergutschrift, Steueranrechnung** Sie haben eine Steuergutschrift von $ 2.546.
▪ **tax cut** The promised tax cuts haven't been introduced yet.	**Steuersenkung** Die versprochenen Steuersenkungen sind noch nicht eingeführt worden.
▪ **tax-deductible**	**(steuerlich) abzugsfähig**
tax dodging	**Steuerumgehung**
tax evasion; tax fraud Tax evasion and tax fraud are punishable offences.	**Steuerflucht, Steuerhinterziehung** Steuerflucht und Steuerhinterziehung sind strafbare Handlungen.
tax-exempt	**steuerfrei, steuerbefreit**
▪ **tax-free** The tax-free allowance for married couples has gone up.	**steuerfrei, zollfrei** Der Steuerfreibetrag für Ehepaare ist gestiegen.
tax haven	**Steueroase**
▪ **tax incentive** There should be more tax incentives for taking on trainees.	**steuerlicher Anreiz** Für die Annahme von Lehrlingen sollte es mehr steuerliche Anreize geben.
tax increase	**Steuererhöhung**

tax investigation	**Steuerfahndung**
▪ **tax loophole** The company saved millions of marks thanks to a tax loophole they discovered.	**Steuerlücke** Die Firma sparte Millionen von Mark dank einer Steuerlücke, die sie entdeckte.
▪ **tax man, tax office, tax authorities** *pl.* There's no need to be afraid of the tax man.	**Finanzamt, Steuerbehörde** Es gibt keinen Grund, sich vor dem Finanzamt zu fürchten.
▪ **taxpayer**	**Steuerzahler(in)**
▪ **tax rebate** We're expecting a large tax rebate this year.	**Steuerrückzahlung** Wir erwarten dieses Jahr eine hohe Steuerrückzahlung.
▪ **tax relief**	**Steuererleichterung**
▪ **tax return** I have an accountant who helps me with my tax return.	**Steuererklärung** Ich habe einen Steuerberater, der mir bei meiner Steuererklärung hilft.
tax shelter company	**Abschreibungsgesellschaft**
tax year	**Steuerjahr, Veranlagungszeitraum**
▪ **VAT, value added-tax** All prices exclusive of VAT.	**USt, Umsatzsteuer** (*umgangssprachl.* MwSt, Mehrwertsteuer) Alle Preise zuzüglich USt (MwSt).
VAT-exempt	**umsatzsteuerfrei**
VAT return I haven't filled in my VAT return yet.	**USt.-Erklärung** Ich habe meine USt-Erklärung noch nicht ausgefüllt.
withholding tax	**Abzugssteuer, Quellensteuer**
zero-rated Any work for clients abroad is zero-rated.	**mehrwertsteuerfrei** Arbeit für Kunden im Ausland ist mehrwertsteuerfrei.

10 Versicherungswesen

▪ **accident insurance**	**Unfallversicherung**
▪ **act of God** An earthquake is regarded as an act of God.	**höhere Gewalt** Ein Erdbeben wird als höhere Gewalt angesehen.
actuarial	**versicherungsmathematisch**
▪ **actuary** An actuary set the value of the annuity.	**Aktuar(in), Versicherungsmathematiker(in)** Der Wert der Rente wurde von einem Aktuar festgelegt.
adequately insured	**ausreichend versichert**
adjust a claim	**eine Forderung/einen Schaden regulieren**
▪ **all-risks policy** I took out an all-risks policy on our house.	**Gesamtversicherung, Globalversicherung** Ich habe für unsere Wohnung eine Globalversicherung abgeschlossen.
▪ **annuity**	**Rente**
▪ **assess** The fire damage was assessed at half a million Swiss francs.	**schätzen** Der Feuerschaden wurde auf eine halbe Million Schweizer Franken geschätzt.
▪ **award damages** The company was awarded $30,000 damages.	**Schadensersatz zahlen** Der Firma wurden $ 30.000 Schadensersatz gezahlt.

beneficiary	**Begünstigte(r), Leistungsempfänger(in)**
His Aunt Jane was named as the beneficiary of his life insurance policy.	Seine Tante Jane war als Begünstigte seiner Lebensversicherung angegeben.
▪ **claim** *s.*	**Anspruch**
We've put in a claim for damages.	Wir haben Schadensersatz beansprucht.
claim *v.*	**beanspruchen, fordern**
claimant	**Anspruchsberechtigte(r)**
▪ **claim form**	**Schadensformular, Schadenmeldeformular**
Have you filled in the claim form yet?	Hast du schon das Schadenmeldeformular ausgefüllt?
▪ **claims assessor**	**Schadensregulierer(in)**
compensate for	**entschädigen für**
Were you compensated for the loss?	Sind Sie für den Verlust entschädigt worden?
▪ **compensation**	**Entschädigung**
We only received $400 (in) compensation.	Wir hielten nur $ 400 Entschädigung.
compulsory insurance	**Pflichtversicherung**
cooling-off period	**Bedenkzeit**
There's a two-week cooling-off period in which you can change your mind.	Es gibt zwei Wochen Bedenkzeit, während der Sie es sich anders überlegen können.
▪ **cover**	**Versicherung**
What kind of health cover have you got?	Was für eine Krankenversicherung haben Sie?
▪ **damages**	**Schadensersatz** *sg.*, **Entschädigung** *sg.*
The company is suing them for damages.	Die Firma verklagt sie auf Schadensersatz.
disaster clause	**Katastrophenklausel**

▪ **endowment policy** The mortgage is covered by an endowment policy.	**Versicherungspolice auf den Todes- und Erlebensfall, Lebensversicherung** Die Hypothek ist durch eine Lebensversicherung gedeckt.
excepted risks	**unversichterte Risiken**
▪ **exclusion clause** I couldn't drive the boss's car because of an exclusion clause in the insurance policy.	**Haftungsausschlussklausel** Ich konnte den Wagen vom Chef wegen einer Haftungs-ausschlussklausel in der Versicherungspolice nicht fahren.
ex gratia payment The settlement included an ex gratia payment to the porter.	**Kulanzzahlung** Im Vergleich war eine Kulanz-zahlung an den Pförtner ein-geschlossen.
▪ **expire** The policy expires on November 8th.	**auslaufen** Die Police läuft am 8. November aus.
extended cover	**zusätzlicher Versicherungs-schutz**
▪ **extent of damage**	**Schadenshöhe**
▪ **file a claim** They agreed to file a claim against the travel agent.	**eine Schadensersatz-forderung einreichen** Sie einigten sich, eine Schadensersatzforderung an das Reisebüro einzureichen.
force majeure	**höhere Gewalt**
▪ **(fully) comprehensive insurance**	**Vollkaskoversicherung**
▪ **health insurance**	**Krankenversicherung**
health insurance scheme Do your employees belong to a health insurance scheme?	**Krankenkasse** Sind Ihre Angestellten krankenversichert?
indemnify	**entschädigen**

	indemnity The company is demanding an indemnity against the damage to their car fleet.	**Entschädigung, Schadensersatz** Die Firma fordert eine Entschädigung für den Schaden an ihrem Fuhrpark.
	insurable It's an insurable risk.	**versicherbar** Es ist ein versicherbares Risiko.
▪	**insurance** I can claim on my travel insurance for the delay.	**Versicherung** Ich kann von meiner Reiseversicherung wegen der Verspätung Schadensersatz beanspruchen.
	insurance claim	**Versicherungsanspruch**
▪	**insurance company**	**Versicherungsgesellschaft**
	insurance cover Make sure your employees have adequate insurance cover.	**Versicherungsschutz** Sie sollten sicherstellen, dass Ihre Arbeitnehmer einen ausreichenden Versicherungsschutz haben.
▪	**insurance policy**	**Versicherungspolice**
▪	**insurance premium**	**Versicherungsbeitrag, Versicherungsprämie**
▪	**insure** Are you insured against computer theft?	**versichern** Sind Sie gegen Computerdiebstahl versichert?
	insured: the insured	**der/die Versicherte**
	insurer	**Versicherer**
	liability insurance	**Haftpflichtversicherung**
▪	**– product liability insurance**	**– Produkthaftpflichtversicherung**
▪	**life assurance/life insurance**	**Lebensversicherung**
	life insurance policy When does her life insurance policy mature?	**Lebensversicherungspolice** Wann wird ihre Lebensversicherungspolice fällig?
	loss adjuster	**Schadensachverständige(r)**
▪	**lump sum settlement**	**Pauschalregulierung**

▪ **National Insurance** *Br.* You won't get a pension if you don't pay National Insurance.	**Sozialversicherung** Sie werden keine Rente bekommen, wenn Sie keine Sozialversicherung bezahlen.
▪ **no-claims bonus** That accident means I've lost my no-claims bonus.	**Schadensfreiheitsrabatt** Durch den Unfall habe ich keinen Anspruch mehr auf Schadensfreiheitsrabatt.
▪ **premium** You can pay your premiums on a monthly or a yearly basis.	**Prämie** Sie können Ihre Prämien monatlich oder jährlich bezahlen.
▪ **reinsurance company**	**Rückversicherungsgesellschaft**
renewal The policy is due for renewal on October 1st.	**Verlängerung** Die Verlängerung der Police wird am 1. Oktober fällig.
replacement costs	**Wiederbeschaffungskosten**
sum insured	**Versicherungssumme**
▪ **surrender value** The surrender value of your life insurance policy has been calculated to be £10,000.	**Rückkaufwert** Der Rückkaufwert Ihrer Lebensversicherung ist auf £ 10.000 berechnet worden.
take out insurance, take out an insurance policy	**eine Versicherung abschließen**
▪ **terms and conditions** Read the terms and conditions carefully before signing.	**Versicherungsbedingungen** Lesen Sie die Versicherungsbedingungen genau durch, bevor Sie unterschreiben.
▪ **third-party insurance** Have you got third-party insurance?	**Haftpflichtversicherung** Sind Sie haftpflichtversichert?
▪ **underwriter**	**Versicherer**
uninsured Both accident victims were uninsured.	**nicht versichert, unversichert** Beide Unfallopfer waren unversichert.
waiver clause	**Verzichtserklärungsklausel**

11 Rechtswesen

▪ **accuse** She was accused of fraud.	**anklagen** Sie wurde des Betrugs angeklagt.
▪ **accused** *Br.:* **the accused**	**Angeklagte(r)**
acquit	**freisprechen**
▪ **acquittal** He's hoping for an acquittal.	**Freispruch** Er hofft auf Freispruch.
act in good faith	**in gutem Glauben handeln**
▪ **admit** They admitted to the offence.	**zugeben** Sie gaben das Vergehen zu.
affidavit The secretary swore an affidavit that she had not been involved.	**eidesstattliche Erklärung** Die Sekretärin gab eine eidesstattliche Erklärung ab, dass sie nicht beteiligt war.
agreement	**Abkommen, Vertrag**
allegation	**Behauptung**
amicable settlement The two companies very quickly reached an amicable settlement.	**gütliche Beilegung** Beide Firmen kamen schnell zu einer gütlichen Beilegung.
antitrust laws	**Kartellgesetzgebung** *sg.*
▪ **appeal** ▪ **– lodge an appeal (against)**	**Berufung** **– Berufung einlegen (gegen)**
appeal (to) He's going to appeal against the judgement.	**Berufung einlegen (bei), anfechten** Er wird das Urteil anfechten.
▪ **appeal court, court of appeal**	**Berufungsgericht**

arbitrator	**Schiedsrichter(in), Vermittler**
articles of association (*Am.* **incorporation**)	**Gründungsurkunde** *sg.*, **Satzung** *sg.*, **Statuten**
▪ **attorney** *Am.*	**(Rechts)Anwalt/Anwältin**
▪ **bail** She was released on bail.	**Auslösung, Kaution** Sie wurde gegen Kaution freigelassen.
bail sb. out	**für j-n die Kaution stellen**
▪ **barrister** *Br.*	**(Rechts)Anwalt/Anwältin**
binding agreement	**verbindliche Vereinbarung**
breach of contract It's a clear case of breach of contract.	**Vertragsbruch** Es ist ein klarer Fall von Vertragsbruch.
cartel law	**Kartellrecht, Wettbewerbsrecht**
civil law	**Zivilrecht**
▪ **class action** Mr Hyman led a class action against the insurance company.	**Gruppenklage** Herr Hyman führte eine Gruppenklage gegen die Versicherungsgesellschaft an.
▪ **clause**	**Klausel**
▪ **client**	**Mandant(in)**
code of practice	**Verhaltensregeln** *pl.*, **Verhaltenskodex**
commercial law	**Gesellschaftsrecht**
company charter	**Gesellschaftssatzung, Statuten** *pl.*
company law, corporate law	**Handelsrecht**
▪ **condemn** The business partners were condemned to two years' imprisonment.	**verurteilen** Die Geschäftspartner wurden zu zwei Jahren Haft verurteilt.
▪ **contract**	**Vertrag**
▪ **copyright** **– copyright reserved**	**Urheberrecht, Copyright** **– urheberrechtlich geschützt**
▪ **counsel for the defence** *Br.*	**Verteidiger(in)**

▪ **court** **– court of law**	**Gericht, Gerichtssaal** **– ordentliches Gericht**
▪ **court case** An in-house argument developed into a court case.	**Prozess** Ein interner Streit artete in einen Gerichtsprozess aus.
Court: European Court of Justice	**Gerichtshof der Europäischen Union**
court: go to court	**prozessieren**
▪ **courtroom**	**Gerichtssaal**
▪ **crime** What kind of crime has he committed?	**Straftat** Was für eine Straftat hat er begangen?
criminal law	**Strafrecht**
criminal negligence They were jailed for criminal negligence.	**strafbares Fahrlässigkeitsdelikt** Sie wurden auf Grund eines strafbaren Fahrlässigkeitsdelikts eingesperrt.
criminal offence (*Am.* **offense**)	**Straftat, strafbare Handlung**
▪ **custody** He was remanded in custody for a week.	**(Untersuchungs)Haft** Er war eine Woche in Untersuchungshaft.
▪ **defence**, *Am.* **defense**	**Verteidigung**
▪ **defendant**	*Br.* **Beklagte(r)** *(Zivilrecht);* *Am.* **Beklagte(r)** *(Zivilrecht),* **Angeklagte(r)** *(Strafrecht)*
▪ **defence lawyer,** *Am.* **defense attorney**	**Verteidiger(in)**
deny	**bestreiten**
diciplinary proceedings Disciplinary proceedings were taken against the lorry driver for dangerous driving.	**Disziplinarverfahren** *sg.* Gegen den LKW-Fahrer wurde ein Disziplinarverfahren wegen rücksichtslosen Fahrens eingeleitet.
▪ **dispute** *s.*	**Streit, Auseinandersetzung**
dispute *v.*	**bestreiten, anfechten**
draft agreement	**Vertragsentwurf**

▪ **escape clause**	**Ausweichklausel, Rücktrittsklausel**
There was an escape clause in the contract which prevented his client from claiming damages.	Im Vertrag gab es eine Ausweichklausel, die seinen Kunden daran hinderte, Schadensersatz zu verlangen.
▪ **evidence** **– give evidence**	**Beweis, Zeugenaussage** **– vor Gericht aussagen**
exemption clause	**Freistellungsklausel**
▪ **expire**	**verfallen, auslaufen, ablaufen**
The contract expires at the end of the month.	Der Vertrag läuft Ende des Monats ab.
failure to pay	**Zahlungssäumnis, Nichtzahlung**
The company was fined for failure to pay.	Die Firma bekam wegen Zahlungssäumnis eine Geldstrafe.
▪ **file a lawsuit**	**einen (Zivil)Prozess anstrengen**
final demand	**letzte Zahlungsaufforderung**
▪ **fine** **– impose a fine on**	**Geldstrafe** **– zu einer Geldstrafe verurteilen**
▪ **guilty** **– guilty party**	**schuldig** **– schuldige Partei**
▪ **hear** When is your case going to be heard?	*Prozess:* **verhandeln** Wann wird Ihr Fall verhandelt?
▪ **illegal**	**illegal, gesetzwidrig**
▪ **imprisonment** The defendant was sentenced to two years' imprisonment.	**Haft, Gefängnisstrafe** Der Angeklagte wurde zu zwei Jahren Gefängnis verurteilt.
indemnity	**Entschädigung, Freistellung von Haftung**

▪ **injunction** We had to get a court injunction to prevent him from entering the building.	**einstweilige Verfügung** Wir mussten eine einstweilige Verfügung erwirken, um ihn am Betreten des Gebäudes zu hindern.
injured party The injured party in the libel case was the personnel manager.	**Geschädigte(r)** Der Geschädigte im Verleumdungsprozess war der Personalchef.
▪ **innocent** Remember: in this country you're innocent until proved guilty.	**unschuldig** Vergessen Sie nicht: Bei uns gilt solange die Unschuldsvermutung, bis einem das Gegenteil nachgewiesen wurde.
intellectual property	**geistiges Eigentum**
▪ **joint action**	**Prozess mit Streitgenossen**
▪ **judge**	**Richter(in)**
▪ **judgement, judgment** The court judgement was "not guilty".	**Urteil** Das Gerichtsurteil lautete „nicht schuldig".
(judicial) proceedings	**Gerichtsverfahren** *sg.*
▪ **jurisdiction** The Scottish court has no jurisdiction over them.	**Zuständigkeit, Gerichtsbarkeit** Sie unterstehen nicht der schottischen Gerichtsbarkeit.
▪ **jury**	**Geschworenengericht, Geschworenen** *pl.*
▪ **justice** It was another victory for justice.	**1. Gerechtigkeit** **2.** *System:* **Gerichtsbarkeit** **3. Richter** Es war ein weiterer Sieg für die Gerechtigkeit.
landmark case	**grundlegender Fall**

▪ **law**	**1. Gesetz** **2. Gesetzgebung** **3. Recht**
He thinks he's above the law.	Er glaubt, er steht über dem Gesetz.
▪ **law court**	**Gericht(shof)**
law firm	**Anwaltskanzlei**
lawful	**gesetzmäßig, rechtlich**
He acquired the company by lawful means.	Er erwarb die Firma mit rechtmäßigen Mitteln.
law practice	**Anwaltspraxis**
▪ **law school**	**juristische Fakultät**
▪ **Law Society** *Br.*	**Anwaltskammer**
▪ **lawsuit**	**Verfahren, Klage**
The company brought a lawsuit against their rival.	Die Firma hat ihren Konkurrenten verklagt.
▪ **lawyer**	**Rechtsanwalt, Rechtsanwältin**
▪ **legal**	**1. rechtlich, juristisch** **2. gesetzmäßig**
▪ **legal action**	**Klage (im ordentlichen Zivilprozess)**
Are you going to take legal action against the company?	Werden Sie gegen die Firma Klage erheben?
legal claim	**Rechtsanspruch**
▪ **legal costs**	**Gerichtskosten**
Who's going to pay the legal costs?	Wer bezahlt die Gerichtskosten?
▪ **legal department**	**Rechtsabteilung**
All contracts have to go through the legal department.	Alle Verträge müssen durch die Rechtsabteilung gehen.
legally binding	**rechtsverbindlich**
▪ **legal proceedings**	**Gerichtsverfahren**
legal requirement	**Rechtsvorschrift**
It's a legal requirement to have fire doors on every floor.	Es ist gesetzlich vorgeschrieben, dass auf jeder Etage Brandschutztüren sein müssen.

legal settlement	**Zwangsvergleich**
▪ **legislation** Legislation over here is very different from that in the USA.	**Gesetzgebung** Die Gesetzgebung hier ist ganz anders als in den USA.
letter of intent	**Absichtserklärung**
▪ **liability** **– limited liability**	**Haftung, Haftbarkeit** **– beschränkte Haftung**
▪ **liable** You are liable for any accidents which occur on your premises.	**haftbar** Sie müssen für alle Unfälle haften, die auf Ihrem Gelände passieren.
▪ **libel** The newspaper was taken to court for libel.	**üble Nachrede, Beleidigung, Verleumdung** Die Zeitung wurde wegen Verleumdung verklagt.
libellous, *Am.* **libelous**	**beleidigend, verleumderisch**
▪ **licence**, *Am.* **license**	**Genehmigung, Lizenz**
licensee	**Lizenzinhaber(in)**
▪ **litigation** Our company is involved in litigation again.	**Prozess, Rechtsstreit** Unsere Firma ist wieder in einen Prozess verwickelt.
loophole (in the law) There aren't many loopholes in British tax law.	**Gesetzeslücke** Im britischen Steuergesetz gibt es nicht viele Gesetzeslücken.
malpractice	**Verletzung der Berufspflicht, Amtsmissbrauch**
▪ **negligence** **– gross negligence**	**Fahrlässigkeit** **– grobe Fahrlässigkeit**
notary (public) The document should have been certified by a notary.	**Notar(in)** Das Dokument hätte von einem Notar beglaubigt werden müssen.
▪ **oath** As a witness you have to swear an oath before the court.	**Eid** Als Zeuge müssen Sie einen Eid vor dem Gericht ablegen.

▪ **objection** The defence lawyer's objection was sustained.	**Einspruch** Dem Einspruch des Verteidigers wurde stattgegeben.
▪ **offence**, *Am.* **offense**	**strafbare Handlung, Verstoß**
opt-out clause	**Ausweichklausel, Rücktrittsklausel**
▪ **out-of-court settlement** The plaintiffs agreed to an out-of-court settlement.	**außergerichtlicher Vergleich** Die Kläger erklärten sich zu einem außergerichtlichen Vergleich bereit.
ownership law	**Eigentumsrecht**
patent application The patent application is still being processed.	**Patentanmeldung** Die Patentanmeldung wird immer noch bearbeitet.
▪ **patent office**	**Patentamt**
patent pending, pat. pend.	**Patent angemeldet, Pantentanmeldung läuft**
▪ **penalty**	**(Vertrags)Strafe**
▪ **plaintiff**	**Kläger(in)**
▪ **plead guilty/not guilty**	**sich schuldig bekennen/ Freispruch beantragen, sich für unschuldig erklären**
power of attorney	**Vollmacht**
▪ **product liability**	**Produkthaftung**
professional misconduct He was charged with professional misconduct.	**standeswidriges Verhalten** Er wurde des standeswidrigen Verhaltens angeklagt.
proprietary It's a proprietary name which you have no right to use.	**urheberrechtlich geschützt** Es ist ein urheberrechtlich geschützter Name, dessen Gebrauch Ihnen nicht zusteht.
▪ **prosecute** After much debate, they decided to go ahead and prosecute.	**1. strafrechtlich verfolgen** **2. gerichtlich vorgehen** Nach langer Debatte haben sie sich entschlossen, gerichtlich vorzugehen.

	prosecuting counsel	**Staatsanwalt, Staatsanwältin**
▪	**prosecution**	**Staatsanwaltschaft**
	protected by copyright	**urheberrechtlich geschützt**
▪	**prove** She's determined to prove her innocence.	**beweisen** Sie ist entschlossen, ihre Unschuld zu beweisen.
▪	**public prosecutor**	**Staatsanwalt, Staatsanwältin**
	registered trademark	**eingetragenes Warenzeichen**
	restrictive (trade) practices	**wettbewerbsbeschränkendes Verhalten** *sg.*
	right What are my rights?	**Recht** Was sind meine Rechte?
▪	**right of appeal**	**Einspruchsrecht, Rechtsmittel der Revision**
	rights: all rights reserved	**alle Rechte vorbehalten**
	ruling It was a landmark ruling for a case of this kind.	**Entscheidung** Es war eine Grundsatzentscheidung für einen Prozess dieser Art.
	seize	**beschlagnahmen**
▪	**sentence** *s.* When the sentence was passed, there was a shocked silence in the courtroom.	**Strafurteil** Als das Strafurteil verkündet wurde, herrschte im Gerichtssaal bestürztes Schweigen.
▪	**sentence** *v.*	**verurteilen**
	sentencing	**Verurteilung**
	small print You should always read the small print very carefully.	**Kleingedrucktes** Man sollte das Kleingedruckte immer sehr vorsichtig lesen.
▪	**solicitor**	**Rechtsanwalt, Rechtsanwältin**
	statute	**Gesetz, Satzung, Statut**

subpoena I've been served with a subpoena from their lawyers.	**Zwangsvorladung** Ich habe von ihren Anwälten eine Zwangsvorladung zugestellt bekommen.
▪ **sue** *v/t.* I'm suing them for a million dollars.	**verklagen** Ich verklage sie auf eine Million Dollar.
sue *v/i.* They're going to sue for breach of contract.	**klagen, prozessieren** Sie wollen wegen Vertragsbruchs prozessieren.
summons (*sg.*) The boss received a court summons.	**(Vor)Ladung** Die Chefin wurde vorgeladen.
▪ **take sb. to court** Have you ever taken anyone to court?	**gegen j-n prozessieren** Haben Sie jemals gegen jemand prozessiert?
terms	**Konditionen**
▪ **third party** Was there a third party involved in the takeover?	**Dritte(r)** War ein Dritter an der Übernahme beteiligt?
▪ **trial** The trial dragged on for two years.	**Prozess** Der Prozess zog sich über zwei Jahre hinweg.
unauthorized	**unbefugt**
▪ **unlawful**	**gesetzeswidrig, unrechtmäßig**
unless otherwise agreed	**sofern nicht anders vereinbart**
verbal agreement	**mündliche Vereinbarung**
▪ **witness** **– witness for the defence** (*Am.* **defense**) **– witness for the prosecution**	**Zeuge, Zeugin** **– Verteidigungszeuge, Verteidigungszeugin** **– Zeuge/Zeugin der Anklage**
writ **– issue/serve a writ**	**einstweilige Verfügung** **– eine einstweilige Verfügung herausgeben**
written agreement	**schriftliche Vereinbarung**

12 Umwelt

▪ **acid rain** Acid rain is caused by sulphur (*Am.* sulfur) dioxide emissions.	**saurer Regen** Saurer Regen wird durch die Emission von Schwefeldioxid verursacht.
▪ **air pollution, atmospheric pollution** The main source of air pollution is the burning of fossil fuels.	**Luftverschmutzung** Die Hauptursache der Luftverschmutzung ist das Verbrennen fossiler Brennstoffe.
air quality The air quality in London improved dramatically after it was made a smokeless zone.	**Luftqualität** Die Luftqualität in London hat sich dramatisch verbessert, nachdem es eine rauchfreie Zone wurde.
▪ **biodegradable** All the materials we use are biodegradable.	**(biologisch) abbaubar** All die Werkstoffe, die wir verwenden, sind abbaubar.
carbon dioxide	**Kohlendioxid**
▪ **carbon monoxide** There's more carbon monoxide inside most cars than outside.	**Kohlenmonoxid** Innerhalb der meisten Autos befindet sich mehr Kohlenmonoxid als außerhalb.
▪ **carcinogenic, cancer-causing** Diesel particulates are supposed to be carcinogenic.	**Krebs erregend** Dieselpartikelchen sollen Krebs erregend sein.
▪ **catalyst, catalytic converter,** *F* **cat**	**Katalysator**

▪ **CFC, chlorofluorocarbon**	**FCKW, Fluorkohlenwasserstoff**
CFC-free Aerosols have to be CFC-free these days.	**FCKW-frei** Sprühdosen müssen heute FCKW-frei sein.
clean energy The theme of the exhibition is "Clean Energy".	**saubere Energie** Das Thema der Ausstellung ist „Saubere Energie".
cleanup operation The cleanup operation of the site will take at least six months.	**Altlastensanierung** Die Altlastensanierung der Baustelle wird mindestens sechs Monate dauern.
▪ **contaminate** The entire office block is contaminated.	**verseuchen** Das gesamte Bürohaus ist verseucht.
dioxin	**Dioxin**
dumping **– dumping at sea, ocean dumping**	**Schuttabladen** **– Verklappung**
eco-friendly	**umweltfreundlich**
ecological awareness	**Umweltbewusstsein**
▪ **ecologist** Ecologists predict that the lake will die within two years.	**Umweltschützer(in)** Umweltschützer sagen voraus, dass der See innerhalb von zwei Jahren umkippen wird.
▪ **environment**	**Umwelt**
environmental damage Of course companies should be liable for environmental damage.	**Umweltschädigung** Natürlich sollten Firmen für Umweltschädigung haftbar gemacht werden.
environmentally compatible	**umweltverträglich**
▪ **environment-friendly** Our new production plant is extremely environment-friendly.	**umweltfreundlich** Unsere neue Produktionsanlage ist extrem umweltfreundlich.

▪ **exhaust emissions** Legislation on exhaust emissions is getting stricter and stricter.	**Autoabgase** Die Abgasnormen für Autoabgase werden immer strenger.
exhaust emission standard	**Abgasnorm**
▪ **fossil fuels** Experts say that our fossil fuel reserves will run out this century.	**fossile Brennstoffe** Experten behaupten, dass unsere Reserven an fossilen Brennstoffen in diesem Jahrhundert zu Ende gehen werden.
fuel cell Fuel cells provide clean energy.	**Brennstoffzelle** Brennstoffzellen liefern saubere Energie.
▪ **global warming** Industry and cars seem to be the main culprits behind global warming.	**Erwärmung der Erdatmosphäre** Die Industrie und die Kraftfahrzeuge scheinen die Hauptverursacher der Erwärmung der Erdatmosphäre zu sein.
▪ **GM foods**	**genmanipulierte Lebensmittel**
greenfield site	**Anlage im Grünen**
▪ **greenhouse effect** Carbon dioxide and ozone contribute to the greenhouse effect.	**Treibhauseffekt** Kohlendioxid und Ozon tragen zum Treibhauseffekt bei.
▪ **greenhouse gas**	**Treibhausgas**
greening	**zunehmend ökologische Orientierung**
green issue It is the responsibility of industry to tackle green issues.	**Umweltfrage** Es liegt in der Verantwortung der Industrie, Umweltfragen anzugehen.
green tax Most of the countries would welcome a green tax.	**Umweltsteuer** Die meisten Länder würden eine Umweltsteuer begrüßen.

▪ **hazardous waste** Hazardous waste must be disposed of strictly according to the regulations.	**Sondermüll** Sondermüll muss streng nach Vorschrift entsorgt werden.
health hazard Having a power station next to a school is regarded as a potential health hazard.	**Gesundheitsgefährdung** Ein Kraftwerk neben einer Schule wird als mögliche Gesundheitsgefährdung angesehen.
▪ **hydrocarbon** Hydrocarbons are released when fuel isn't completely burnt.	**Kohlenwasserstoff** Kohlenwasserstoff wird freigesetzt, wenn Benzin nicht ganz verbrannt wird.
hydropower	**Wasserkraft**
▪ **industrial waste**	**Industriemüll, Industrieabfall**
▪ **landfill site** They're going to build an industrial park on the landfill site.	**Deponie** Sie bauen einen Industriepark auf der Deponie.
land pollution	**Bodenverschmutzung**
nitrogen oxide Nitrogen oxides contribute to smog.	**Stick(stoff)oxid** Stickstoffoxide tragen zum Smog bei.
noise pollution	**Lärmbelästigung**
▪ **non-polluting**	**umweltfreundlich, umweltverträglich**
non-renewable resource We have dramatically cut down on the use of non-renewable resources.	**nicht erneuerbarer Rohstoff** Wir haben den Gebrauch von nicht erneuerbaren Rohstoffen dramatisch eingedämmt.
Nox and Sox (= nitrogen oxides and sulphur/*Am.* **sulfur oxides)** *F*	**Stickstoff- und Schwefeloxide**
▪ **nuclear energy** Nuclear energy is clean and inexpensive.	**Kernkraft** Die Kernkraft ist sauber und preiswert.

▪ **oil spill** The oil spill is still being cleaned up two years after the accident.	**Ölverschmutzung, Öllache** Zwei Jahre nach dem Unfall ist man noch immer damit beschäftigt, das ausgelaufene Öl zu beseitigen.
▪ **ozone** **– ozone depletion** **– ozone hole** **– ozone layer**	**Ozon** **– Ozonabbau** **– Ozonloch** **– Ozonschicht**
ozone-friendly All the propellants we use are ozone-friendly.	**ozonfreundlich** Alle Treibgase, die wir verwenden, sind ozonfreundlich.
PCB (= polychlorinated biphenyl) PCBs are toxic to fish.	**PCB (= polychloriertes Biphenyl)** PCBs sind für Fische giftig.
▪ **pesticide**	**Pestizid**
▪ **pollutant** It's a highly toxic industrial pollutant.	**Schadstoff** Es ist ein hochgiftiger Industrieschadstoff.
pollute No other species pollutes the environment like humans.	**verschmutzen** Keine andere Gattung verschmutzt die Umwelt so wie der Mensch.
▪ **polluter pays principle**	**Verursacherprinzip**
▪ **pollution** The building of another factory will only increase pollution in the area.	**Umweltverschmutzung** Der Bau einer weiteren Fabrik wird doch nur die Umweltverschmutzung in dieser Gegend erhöhen.
propellant	**Treibgas**
recyclable	**recycelbar, wiederverwertbar**
recycle **– recycled product**	**recyceln** **– recyceltes Produkt**
▪ **recycled paper** In our office we only use recycled paper.	**Recyclingpapier** In unserem Büro benutzen wir nur Recyclingpapier.
recycling	**Recycling**

▪ **renewable resource** We try to use renewable resources as far as possible.	**erneuerbarer/ nachwachsender Rohstoff** Wir versuchen, so weit wie möglich, erneuerbare Rohstoffe zu verwenden.
reusable All our packaging materials are reusable.	**wiederverwertbar** Unser gesamtes Verpackungsmaterial ist wiederverwertbar.
smokestack	**Schornstein, Schlot**
▪ **solar energy/power** The cost of creating solar energy will have to drop.	**Solarenergie, Sonnenenergie** Die Kosten der Solarenergieerzeugung müssen sinken.
solar power plant	**Solarkraftwerk**
sooty particle	**Rußpartikel**
sulphur (*Am.* **sulfur) dioxide** Sulphur dioxide erodes buildings.	**Schwefeldioxid** Schwefeldioxid greift Gebäude an.
sustainable development The theme of the exhibition is sustainable development.	**nachhaltige Entwicklung** (*im Sinne von Ressourcenschonung für zukünftige Generationen, beispielsweise durch erneuerbare Energien*) In der Austellung geht es um nachhaltige Entwicklung.
▪ **toxic** The river has been completely contaminated by toxic chemicals.	**giftig** Der Fluss ist völlig von giftigen Chemikalien verseucht worden.
▪ **waste** Industrial waste is a major problem in this area.	**Abfall** Der Industrieabfall ist in diesem Gebiet ein großes Problem.
▪ **waste disposal** We offer comprehensive waste disposal services.	**Abfallbeseitigung** Wir bieten umfassende Abfallbeseitigungsdienstleistungen an.

▪ **waste management**	**Abfallwirtschaft, Abfallbehandlung**
waste minimization	**Abfallreduzierung**
▪ **waste product** Most of our waste products are recycled.	**Abfallprodukt** Der Großteil unserer Abfallprodukte wird recycelt.
water pollution Industrial waste is one of the main sources of water pollution.	**Wasserverschmutzung** Industriemüll ist eine der Hauptursachen für die Wasserverschmutzung.
▪ **wind power**	**Windenergie**
zero-emission As of next year, 10% of all commercial vehicles have to be zero-emission.	**abgasfrei** Ab nächstem Jahr müssen 10% aller Nutzfahrzeuge abgasfrei sein.

Anhang

Englisches Stichwortverzeichnis

B

G

M

O

Deutsches Stichwortverzeichnis

E

G

L

M

O

P

Q

R

S

T

U

X

Z

humboldt-Taschenbücher, Kassetten- bzw. CD-Packages und CD-ROMs aus der Reihe Sprachen

Englisch	**ISBN 3-581-**
*Englisch in 30 Tagen**	*67051-8*
*Englisch für Fortgeschrittene**	*66061-X*
*Business-Englisch in 30 Tagen**	*67171-9*
Englischer Basiswortschatz	*66574-3*
Englische Grammatik – kurz und schmerzlos	*66617-0*
*Schluss mit typischen Englisch-Fehlern!**	*66664-2*
Teste deinen Englisch-Wortschatz	*66723-1*
*Sprint! Sprachkurs Englisch – schnell aufgefrischt**	*67098-4*
Teste deine Englisch-Kenntnisse Band 1	*67102-6*
Teste deine Englisch-Kenntnisse Band 2	*67118-2*
Teste deine Englisch-Kenntnisse Band 3	*67154-9*
Englische Musterbriefe und Textbausteine	*67122-0*
*Englisch telefonieren leicht gemacht**	*67129-8*
Sprachenlernen ohne Buch/Audio-Sprachkurs Englisch/3 Kass. bzw. 4 CDs	*68770-4 bzw. 68774-7*
Sprachenlernen ohne Buch/Audio-Sprachkurs Business-Englisch/3 Kass. bzw. 3 CDs	*68782-8 bzw. 68783-6*

Französisch	
*Französisch in 30 Tagen**	*67052-6*
Französisch für Fortgeschrittene	*66109-8*
Französischer Basiswortschatz	*66696-0*
*Sprint! Sprachkurs Französisch – schnell aufgefrischt**	*67099-2*
Teste deine Französisch-Kenntnisse Band 1	*67103-4*
Teste deine Französisch-Kenntnisse Band 2	*67119-0*
Teste deine Französisch-Kenntnisse Band 3	*67155-7*
Französische Musterbriefe und Textbausteine	*67136-0*
Sprachenlernen ohne Buch/Audio-Sprachkurs Französisch/3 Kass. bzw. 4 CDs	*68771-2 bzw. 68775-5*

Italienisch	
*Italienisch in 30 Tagen**	*67053-4*
Italienisch für Fortgeschrittene	*66108-X*
Italienischer Basiswortschatz	*66697-9*
*Sprint! Sprachkurs Italienisch – schnell aufgefrischt**	*67100-X*
Teste deine Italienisch-Kenntnisse Band 1	*67104-2*
Teste deine Italienisch-Kenntnisse Band 2	*67120-4*
Teste deine Italienisch-Kenntnisse Band 3	*67156-5*
Sprachenlernen ohne Buch/Audio-Sprachkurs Italienisch/3 Kass. bzw. 4 CDs	*68772-0 bzw. 68776-3*

Spanisch

*Spanisch in 30 Tagen**	*67054-2*
*Spanisch für Fortgeschrittene**	*66626-X*
Spanischer Basiswortschatz	*66698-7*
*Sprint! Sprachkurs Spanisch – schnell aufgefrischt**	*67101-8*
Teste deine Spanisch-Kenntnisse Band 1	*67105-0*
Teste deine Spanisch-Kenntnisse Band 2	*67121-2*
Teste deine Spanisch-Kenntnisse Band 3	*67157-3*
Sprachenlernen ohne Buch/Audio-Sprachkurs Spanisch/3 Kass. bzw. 4 CDs	*68773-9 bzw. 68777-1*

Deutsch

4000 Sprichwörter und Zitate	*66603-0*
Lebensweisheiten berühmter Philosophen. 4000 Zitate ...	*67146-8*
Die neue Rechtschreibung. Alle Regeln auf einen Blick	*67084-4*
*Deutsch in 30 Tagen**	*67106-9*
Das große Fremdwörterbuch	*67128-X*

Allgemein

Abenteuer Sprache	*66936-6*

MultiMedia-CD-ROM-Ausgaben

Englisch in 30 Tagen Version 2.0	*69064-0*
Französisch in 30 Tagen Version 2.0	*69065-9*
Italienisch in 30 Tagen Version 2.0	*69066-7*
Spanisch in 30 Tagen Version 2.0	*69067-5*
Basiswortschatz Englisch	*69055-1*
Basiswortschatz Französisch	*69056-X*
Basiswortschatz Italienisch	*69057-8*
Basiswortschatz Spanisch	*69058-6*
Vokabeltrainer Englisch Version 2.0	*69074-8*
Vokabeltrainer Französisch Version 2.0	*69075-6*
Vokabeltrainer Italienisch Version 2.0	*69076-4*
Vokabeltrainer Spanisch Version 2.0	*69077-2*

*Die mit * versehenen Sprachentitel gibt es auch als **Kassetten-Packages** bzw. **CD-Packages** (Buch **mit Übungskassette** bzw. **Audio-CD**).*